LTV《ライフ タイム バリュー》の罠

Life Time Value

株式会社WACUL 代表取締役
垣内勇威

日経BP

はじめに
LTVとは？
企業視点と顧客視点の二面性を持つ定義

はじめまして、株式会社WACUL代表取締役の垣内勇威と申します。

本書は「LTV」を損なうボトルネックを排除し、中長期の利益に貢献する実践的な手法を解説します。

LTVとは、Life Time Valueの略称で、日本語では「顧客生涯価値」と訳されます。企業視点では、1人の顧客が一生涯に生み出してくれる利益合計額を指します。一方、顧客視点では、一生涯に企業が提供してくれる価値の総量を指します。

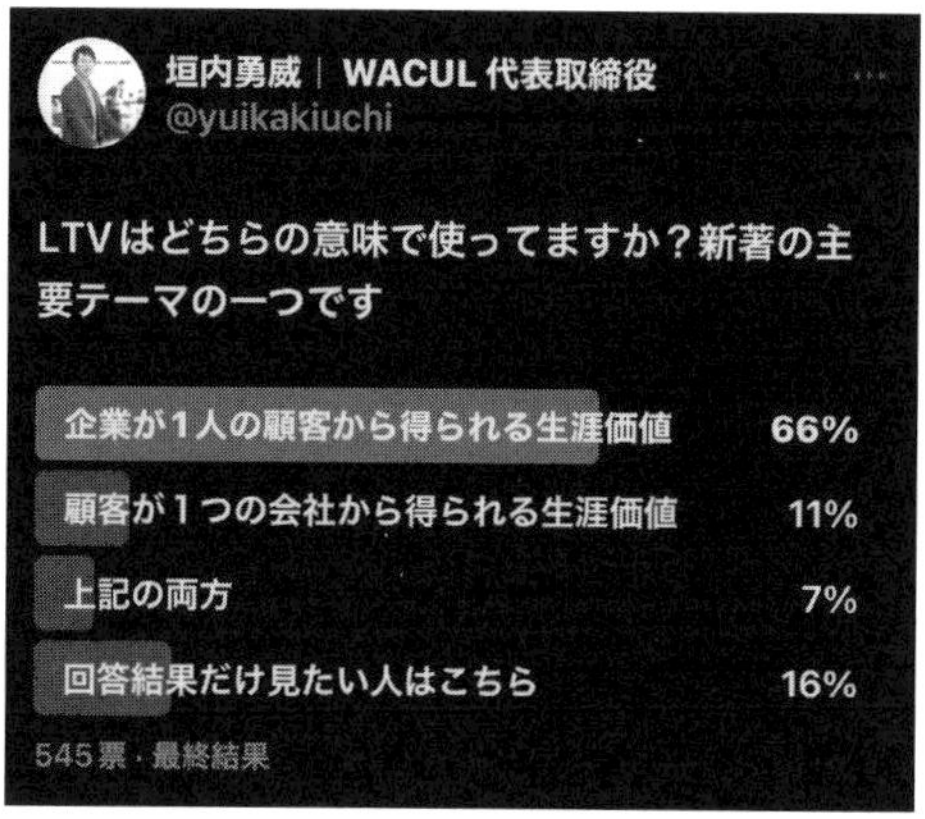

筆者がTwitterで実施した「LTVの意味」に関するアンケートの結果

図表1　LTVには顧客・企業の両面がある

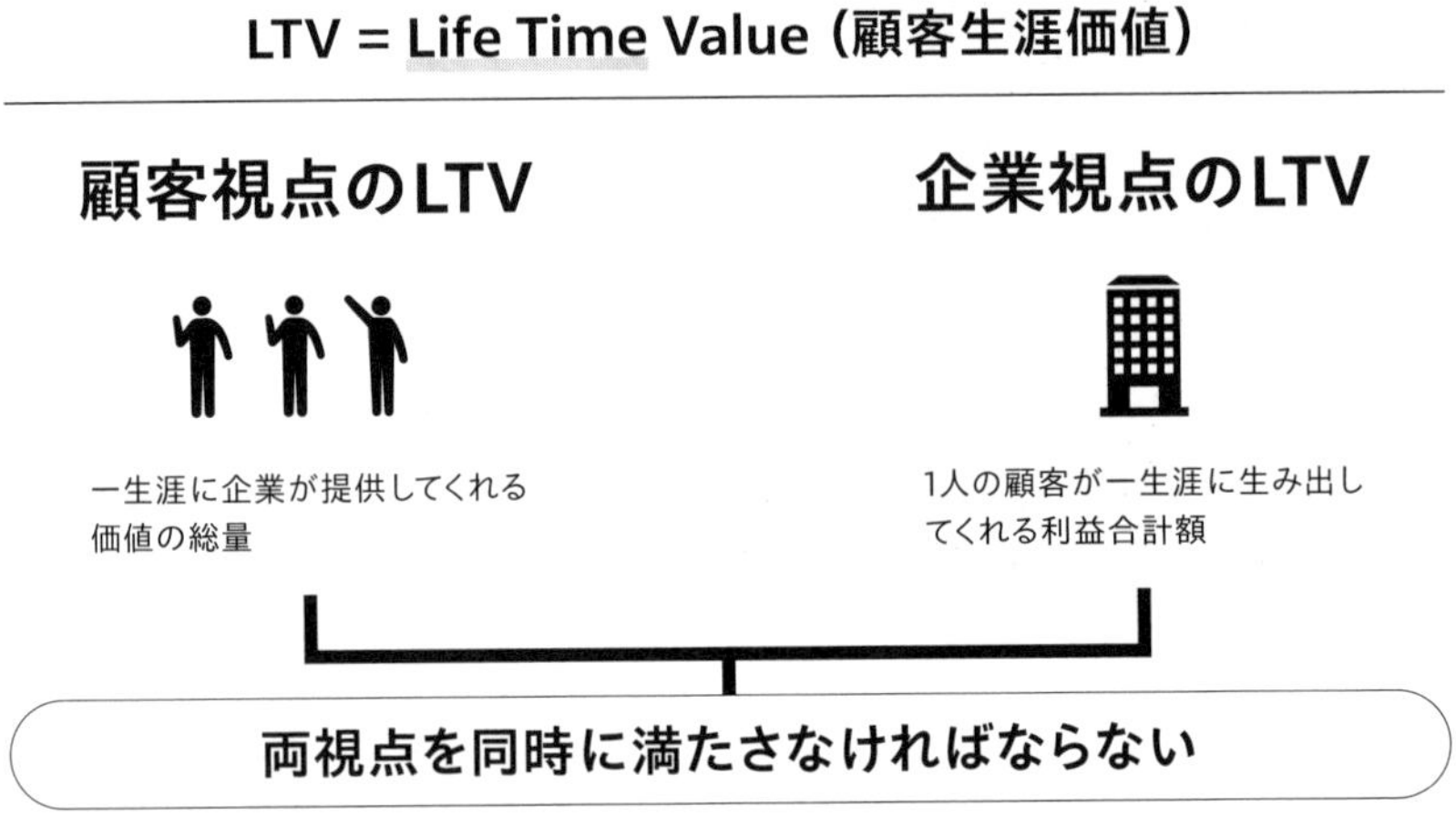

同じ言葉ですが、このように企業視点と顧客視点の両面があり、これらを同時に満たすことでＬＴＶを持続的に高めることができるのです。

しかし企業がＬＴＶという言葉を用いるとき、企業視点ばかりが先行してしまいます。事前にTwitterのアンケート機能を使い、「ＬＴＶ」という言葉をどの意味で使っているか、フォロワーの皆さまに質問したところ、５４５票の回答のうち66％が「企業視点」を思い浮かべると回答しました。「顧客視点」は11％、「両方」は７％にとどまりました。私も日常的に仕事で「ＬＴＶ」という言葉を使用するときは「企業視点」の意味で用いています。

企業視点ばかりが先行して失敗を招きやすい典型例に、顧客の囲い込みを狙った安易な「会員プログラム」や「ロイヤルティープログラム」があります。

複数サービスの利用促進や、他社サービスへの離反防止を狙って、自社独自の会員組織をつくります。そして「シルバー会員」「ゴールド会員」「プラチナ会員」などのランクを付け、独自のポイントを付与します。アプリ登録を促したり、会員証を発行したりすることもあります。

ところが会員の特典は、わずかばかりのポイントや、どこにでもありそうなクーポンばかりです。顧客視点では、そこの会員になる経済的なメリットはほとんどありません。そのサービスを使い続けてポイントをためたいという気持ちよりも、他社サービスも色々使ってみたいという気持ちが勝ります。わずかばかりのインセンティブでは、顧客を囲い込むことなどできないのです。

顧客は「ゴールド会員」なんて欲しくない

「ゴールド会員」など名誉ある称号を与えれば顧客が喜ぶかといえば、全くそんなことはありません。自分が特に好きでもない企業から「あなたはゴールド会員です」と言われても、うれしいはずはないでしょう。もしうれしいケースがあるとすれば、既にそのブランドを愛しており、応援したいと思える状態になっている顧客に限ります。それは会員プログラムによってＬＴＶが伸びるというより、ＬＴＶの高い顧客が会員プログラムを支持しているだけです。

また特定のサービスをよく利用していてゴールド会員になったからといって、その会社が提供する別のサービスに興味を持つかといえば、そんなことも全くありません。あるホテルチェーンをよく利用しているからといって、そのグループ企業が提供する商業施設や賃貸マンションまで使ってくれる望みは薄いでしょう。多くの場合、同じグループ企業が提供していることにすら気付いていません。例えるなら、結婚して自分のことを愛していれば、自分の親のことも愛してくれるだろうというのと同じくらい傲慢な発想です。

安易な会員プログラムで顧客を囲い込むことはできません。なぜなら、囲い込まれることによって、顧客に提供される価値が極小だからです。

本書は、このように企業視点に偏り過ぎているＬＴＶという概念に、顧客視点の光を当て、持続的にＬＴＶを向上させる方法を解説します。

なぜＬＴＶの向上が必要なのか？
企業はどんどん選ばれづらくなる

本書を手にしてくださっている時点で、ＬＴＶなんて必要ないと思っている方は少ないかもしれませんが、念のためなぜＬＴＶを伸ばす必要があるのかについて解説します。

米コンサルティング大手ベイン・アンド・カンパニーのフレデリック・Ｆ・ライクヘルド氏が提唱した、有名な「１対５の法則」によると、新規顧客に商品を販売するには、既存顧客に販売する場合の５倍のコストがかかるといわれています。日本国内の人口が減少し続ける中、新規顧客に「１回で十分」と思われてしまうような〝焼き畑ビジネス〟に未来はありません。せっかく新規顧客を獲得できたならば、２回目、３回目……10回目と、できるだけ長くお付き合いしたいものです。

そのためには長期間にわたる優れた顧客体験が必要になります。その成果は、総売り上げや総利益だけでは見えてこないため、一人ひとりのお客さまとの関係性の深さを測るＬＴＶで見る必要があるのです。逆に言えば、１人の顧客が生み出す利益が２倍に増えるなら、その顧客の初期獲得コストを倍増させてもよいはずです。ＬＴＶを向上できるならば、選択できるマーケティング施策の幅も広がります。

LTVは購入頻度の低い商品でも意識すべき

ＬＴＶに対して、定額課金のサブスクリプションサービス（サブスク）だけが気にすべき指標だと思われている方がいるかもしれません。しかしそんなことは決してありません。

例えば、一生に数回しか買わない「家具」であってもＬＴＶを意識すべきです。家具は「引っ越し」「家族構成の変化」「今の家具の劣化」などをきっかけに検討を開始し、最初に思い付いた店舗に足を運びます。多くの人は、家具店といえば「ＩＫＥＡ（イケア）」や「ニトリ」「無印良品」などを最初に思い浮かべますが、この最初に思い浮かべる候補群に入ることができれば、購入される確率が非常に高くなります。

最初に思い浮かべる候補群に入るには、家具を検討し始める前からの継続接触が欠かせません。例えば、テレビＣＭの出稿、人通りの多いショッピングモールへの出店、家具以外の日用品の販売などで、潜在顧客との接点をつくらなければなりません。顧客が家具を買うタイミングがいつかは分からないため、企業側は長期的なコミュニケーションを取らざるを得ないのです。

また一度家具を買ってもらった後、そのままお客さまと疎遠になるのは非常にもったいないことです。家具は個人が購入するものの中でもかなり高額な部類に入るため、それを買うと意思決定しただけでも顧客ロイヤルティーは非常に高い状態にあります。先に購入した家具と併用しやすい別の家具やファブリックを提案することはもちろん、日用品やアパレルなど高頻度で購入する高粗利の商品も売れるはずです。様々な商品を取り扱っている、ある総合小売店のデータを分析したところ、家具を買った顧客には様々な商品をアップセルできており、最もＬＴＶの高い顧客群だったという事例もあります。

本書で扱うＬＴＶというテーマは、業界問わず全ての企業が向き合うべきものなのです。

広報、宣伝、商品開発もＬＴＶを理解すべき

本書は幅広い職種や役職の方に読んでいただくことを想定しています。長期的な顧客接点を改善するためには、様々な職種の方に関わっていただかなければなりません。例えば、広報、宣伝、マーケティング、販売促進、営業、商品開発、カスタマーサポートなどを担当する方は確実に本書のターゲットです。役職についても、現場から、管理職、経営者に至るまで、本書に書いてあることを理解いただくことで、社内に共通言語が生まれ、プロジェクトをスムーズに進められるでしょう。ＬＴＶ向上は、非常に多くの関係者を巻き込むプロジェクトになるため、共通言語のありなしで進行スピードに差が出ます。

３万７０００サイトの分析と４０００人の顧客調査から生まれたＬＴＶの知見

本書で紹介する私の知見がどのように生まれ、どの程度信頼できるのかについて説明します。

私はデジタルマーケティングのコンサルティングに加え、３万７０００サイトの分析や４０００人を超える顧客へのインタビュー調査といった大量のデータ分析を通じて、勝ちパターンを開発するという仕事を約20年間続けています。デジタルマーケティングの知見は拙書『デジタルマーケティングの定石』（日本実業出版社）で解説しています。うれしいことに、出版から数年たった今でも教科書のようにデジタルマーケティングの新任担当者にお読みいただいており、定期的に増刷がかかっています。

この本の影響で、私のことを「デジタルマーケティングの人」として認識している方が多いかもしれません。しかし本書では、デジタルマーケティングに閉じず、幅広い顧客接点を通じてＬＴＶを向上させる手法を解説しています。

デジタルマーケティング業界の私が、デジタルに閉じないＬＴＶ向上の知見まで開発するようになったのは、世間一般におけるデジタルマーケティングの「活用範囲」が間違っているためでした。デジタルマーケティングの施策は「短期的な顧客の刈り取り」に傾倒しがちで、本来の強みである「長期的な顧客との関係構築」に用いられづらいという課題があったのです。

費用対効果ばかりを追い求める「モンスター」になっていないか

なぜデジタルマーケティングの施策が「短期的な顧客の刈り取り」に傾倒するかといえば、データ取得が容易でリアルタイムに成果が丸裸にされるためです。

例えばデジタル広告を打てば、その広告をクリックした人数、そこから購入した人数がすぐに分かります。１人が購入するために必要な広告費（ＣＰＡ＝Cost Per Acquisition）もすぐに計算できます。

ＣＰＡは毎日リアルタイムで確認できます。前週・前月と比べて悪化していれば担当者は不安になります。上司への報告義務もあれば、その原因を追究し、改善方針を立てなければなりません。広告運用の担当者は、自分の仕事の通信簿ともいえるＣＰＡを毎日見せられ、ナーバスにならざるを得ない環境に身を置いているのです。

結果的にこの短期での費用対効果（ＣＰＡ）ばかり追い求める、通称「ＣＰＡモンスター」と呼ばれる人種が生まれます。ＣＰＡモンスターたちは、短期の成果につながりやすい、今すぐ買いそうな顕在顧客の刈り取りばかりを狙うようになります。一方でニーズが潜在的な顧客は、すぐには購入に至らないため、ターゲットから除外されます。顕在顧客ばかりを狙うＣＰＡモンスターが増えれば、その市場はレッドオーシャン化し、ＣＰＡは悪化していきます。

このようにデジタルマーケティングは、データが見え過ぎるあまり、短期視点で、顕在顧客の刈り取りに傾倒してしまうのです。

しかし本来デジタルマーケティングは、短期的な刈り取りよりも長期的な顧客とのコミュニケーションに強みを持ちます。なぜならデジタルはあらゆる顧客接点の中で、最も安価に継続接触が可能だからです。例えば、メールマガジンであればほぼ無料で顧客に情報を届けることができます。Ｗｅｂサイトも、一度作ってしまえばほぼ無料で顧客に見てもらえます。

デジタルの特性は「セルフサービス」と「ストック」

デジタルによる顧客接点の第１の特性は「セルフサービス型」であることです。顧客が勝手に閲覧するため、人間による接客コストがかかりません。営業担当による訪問、店舗スタッフによる接客、コールセンターによる架電などの人件費は一切不要です。そのため、人間が対応できないくらい、長期的に何度も顧客に情報を届けたいケースにおいて、デジタルは強みを発揮します。

図表2　デジタルの特性

デジタル顧客接点の特性

特性1
セルフサービス型
顧客が勝手に閲覧するため、人間による接客コストがかからない。人間が対応できないくらい、長期的に何度も顧客に情報を届けられる

特性2
ストック型
一度資産をつくってしまえば、その後長期的に低コストで顧客に接触できる。メールマガジンの登録者、SNSのフォロワーは、Webサイトへの検索流入者などに無料で情報を届けられる

長期的な顧客とのコミュニケーションが得意

デジタルの第2の特性は「ストック型」であることです。一度資産を築いてしまえば、その後、長期的に低コストで顧客に接触できます。メールマガジンの登録者、SNSのフォロワー、アプリのインストール者など、接点を持った顧客には情報を無料で届け放題です。Webサイトも一度作り込めば、検索エンジンなどから無料で顧客を集客できます。

一方、マス広告などは「フロー型」の施策なので、顧客と接触するためにコストを投下し続けなければなりません。この観点でも、長期的に顧客と接点を持ち続けたいケースにおいて、デジタルは優位性があるのです。

このようにデジタルマーケティングは、本来その特性から長期的な顧客とのコミュニケーションにこそ使われるべきものなのです。

私は、デジタルを〝短期刈り取り〟にばかり使

う「ＣＰＡモンスター」化してしまったマーケターに対して、デジタルを長期的な顧客とのコミュニケーションに使うべきだと説得する必要がありました。

そのため、カスタマージャーニー（長期的に顧客が企業やブランドを認知し、比較検討し、購入し、利用してファンになっていく変遷）を、顧客調査によって明らかにすることにしたのです。まずはカスタマージャーニーにおいて、既にデジタルが担っている「刈り取り」以外の役割を明らかにしていきました。さらに現在は営業担当やマス広告など他の顧客接点が担っているシーン、または顧客接点を持てていないシーンのうち、本来はデジタルが担うべきものも洗い出していきました。

数千人の被験者に対して定性インタビューを行い、数十万人に対して定量アンケートを実施しました。その業種は、金融、不動産、ＢｔｏＢ、医薬品、メーカー、小売り、教育、メディア、運輸、宿泊・レジャーなど幅広い領域をカバーしています。

もともとこうした調査を実施した目的は、デジタルマーケティングを短期刈り取り以外の、長期的な顧客との関係構築に使ってほしいという願いからでした。

しかしカスタマージャーニーを把握するための調査を大量に実施する中で、本書のテーマである、ＬＴＶ向上を妨げる「ボトルネック」が数多く発見されたのです。「ボトルネック」はデジタルに閉じず、様々な顧客接点で発生しています。本書ではこの「ボトルネック」を解消するための方法論と事例を解説していきます。

「ＬＴＶボトルネック」の解消は、部分改善で済むのでコスパが良い

「ＬＴＶボトルネック」とは、カスタマージャーニーの中で、顧客との関係を途切れさせている部分的な障害点です。いわば、ＬＴＶ向上を目指して施策を打ち出そうとしている企業担当者の前に仕掛けられた「罠」のような、やっかいな存在です。

例えば、プロ野球のファンが生まれる過程で「初心者は球場への行き方が分からない」というボトルネックがあります。どのようにファンが生まれるのかという過程から、この障害点について解説していきましょう。

まだファンでも何でもない人が、プロ野球に興味を持つきっかけの１つに「選手のプライベートを公開した動画」があります。ＹｏｕＴｕｂｅやテレビ番組で、選手の日常生活や、同じチームで仲の良い選手との会話、試合では見せない笑顔などを見て、その選手の人間性に引かれるのです。試合で活躍している選手の動画はもちろんですが、こうしたプライベートな素顔を見ることで、特定の選手に興味を持ち始めます。

動画などで少し興味を持った人に、ＬＴＶの高い熱狂的なファンになってもらうためには、球場でのリアルな試合観戦が欠かせません。球場の熱狂的な雰囲気、お気に入り選手の活躍、ビールと食事、他ファンとの交流などを通じて、自らをそのチームのファンだと自認し始めるのです。ビジネス視点でも、球場に来てもらえればチケット代を稼げますし、グッズや飲食の売り上げにもつながります。初めて球場に来てもらうことは、ファンになるための登竜門なのです。

しかし動画を見ただけの野球初心者が球場に行くには、大きな心理的障壁があります。どんな服装をしていけばいいのか？　１人で行っても大丈夫か？　誰か誘ったら来てくれるのか？　チケットはどこで買うのか？　お気入りの選手は出場するのか？　など、分からないことだらけで、なかなか一歩が踏み出せません。友人に野球ファンがいれば互いに誘い合えるかもしれませんが、そもそも誰が野球のファンかも分からないケースが多く、野球の話題を友人に振るのもためらうそうです。

ファンに甘えるビジネスは、ファンを失いやすい

このような初心者の心理を知らないのか、驚くことにプロ野球の各球団の公式サイトを見ても、初心者向けのコンテンツはほとんどありません。熱狂的なファンを有する、いわゆる「ファンビジネス」は、顧客への塩対応が目立ちます。なぜなら、わざわざ丁寧に解説しなくても、熱狂的なファンは自ら重箱の隅まで探し尽くしてくれるからです。

ファンに甘えることに慣れているファンビジネスでは、ファンになりたいと思っている初心者を、知らないうちに失ってしまいます。ファンビジネスとは、ファンに甘えるビジネスではなく、ファンを大切にするビジネスであってほしいものです。

こうした「初心者は球場への行き方が分からない」という、カスタマージャーニーの中で顧客との関係を途切れさせている部分的な障害点を、本書では「ＬＴＶボトルネック」と呼んでいます。

ＬＴＶボトルネックは、顧客の状況と課題がクリアなため、解決方針が明確なことがほとんどです。

例えば前述した「初心者は球場への行き方が分からない」の場合、対策として次のようなアプローチが考えられます。

- **Ｗｅｂサイトに初心者向けガイドを掲載する**
- **初回来場限定で割引・招待券を配布する**
- **初心者向けのお一人様シートを用意する**
- **興味のある特定選手が出場する試合を通知する**
- **初心者が多く閲覧するＹｏｕＴｕｂｅなどで上記企画を紹介する**

このようにカスタマージャーニー全体の中で、障害になっている点が分かり、顧客の状況が明らかになれば、誰でも具体的なアイデアに落とし込むことができます。

カスタマージャーニーの全体改造は、高い確率で失敗する

しかし「ＬＴＶ向上」というテーマに取り組む場合、ボトルネックを解消しようとする部分改善アプローチは〝異端〟と言っても過言ではありません。

一般的にＬＴＶ向上のミッションを担った人は、カスタマージャーニーの「部分改善」ではなく、「全体改造」をもくろみます。確かにカスタマージャーニー全体を一発で改造してＬＴＶを向上できるなら、それほど楽なことはありません。ただし、カスタマージャーニーを全体改造しようとする施策は、非常に高い確率で失敗することを歴史が証明しています。失敗する最大の原因は、顧客の気持ちをないがしろにして「カスタマージャーニーをねじ曲げよう」としている企業側の傲慢さにあります。

まず大前提として、顧客側に主導権のあるカスタマージャーニーを、企業側が操作するのは極めて困難です。企業にできることは、顧客視点での障害を突き止め、顧客にもメリットのある形でカスタマージャーニーを微修正する「ボトルネック解消」だけです。

しかしカスタマージャーニーの微修正は、かなり〝地味〟な仕事です。例えば、プロ野球球団のＷｅｂサイトに「初心者向けのページ」を1枚追加しても、社内からの評価はぱっとしないでしょう。この追加したページが、いかにカスタマージャーニーにおいて重要な位置付けかを熱心に説明し、ＫＰＩ（重要業績評価指標）がどの程度改善したかまで社内に説明できなければ、評価にはつながりません。

企業の担当者からすれば、成否はともかくとして「やった感」のある派手な施策のほうが、自分の成

果としてうたいやすく、出世にもつながります。こうした企業担当者の虚栄心によって、一見派手なアプリ・メディア・会員プログラム開発、ツール導入、ブランド刷新などのプロジェクトが猛烈な勢いで誕生してしまうのです。これらの施策でカスタマージャーニーをねじ曲げることは当然かなわず、顧客から見向きもされない〝廃虚〟になります。その担当者が出世した後、数年たってから静かにクローズされるだけのむなしい存在なのです。

妄想を抱かず、「ボトルネックの解消」に注力すべき

もしカスタマージャーニーを本気でねじ曲げたいと思うなら、非常に大掛かりな仕掛けが必要です。例えば、アプリで顧客を囲い込みたいと願うなら、顧客が毎日使いたいと思うアプリを作らなければなりません。皆さんもスマートフォン（スマホ）のホーム画面を開けば分かるかと思いますが、最初のページに入るのは至難の業でしょう。例えば、私のスマホのホーム画面に入ろうと思うなら、ＬＩＮＥ、Ｇｍａｉｌ、日本経済新聞、Ｔｗｉｔｔｅｒ、Ｓｌａｃｋなどと並ぶくらい頻繁に使われなければなりません。

本気でそのようなアプリを作るのであれば、とてつもないコストと時間を要します。まして自社の本業でもない領域でアプリを作ろうとするならば、それは極めて困難な道のりになります。使い勝手に優れたアプリで知られる中国の「平安保険」の成功事例をちらっと見ただけで、自社でも同じようなことができると思ったら大間違いです。

図表3　カスタマージャーニーに対するアプローチ

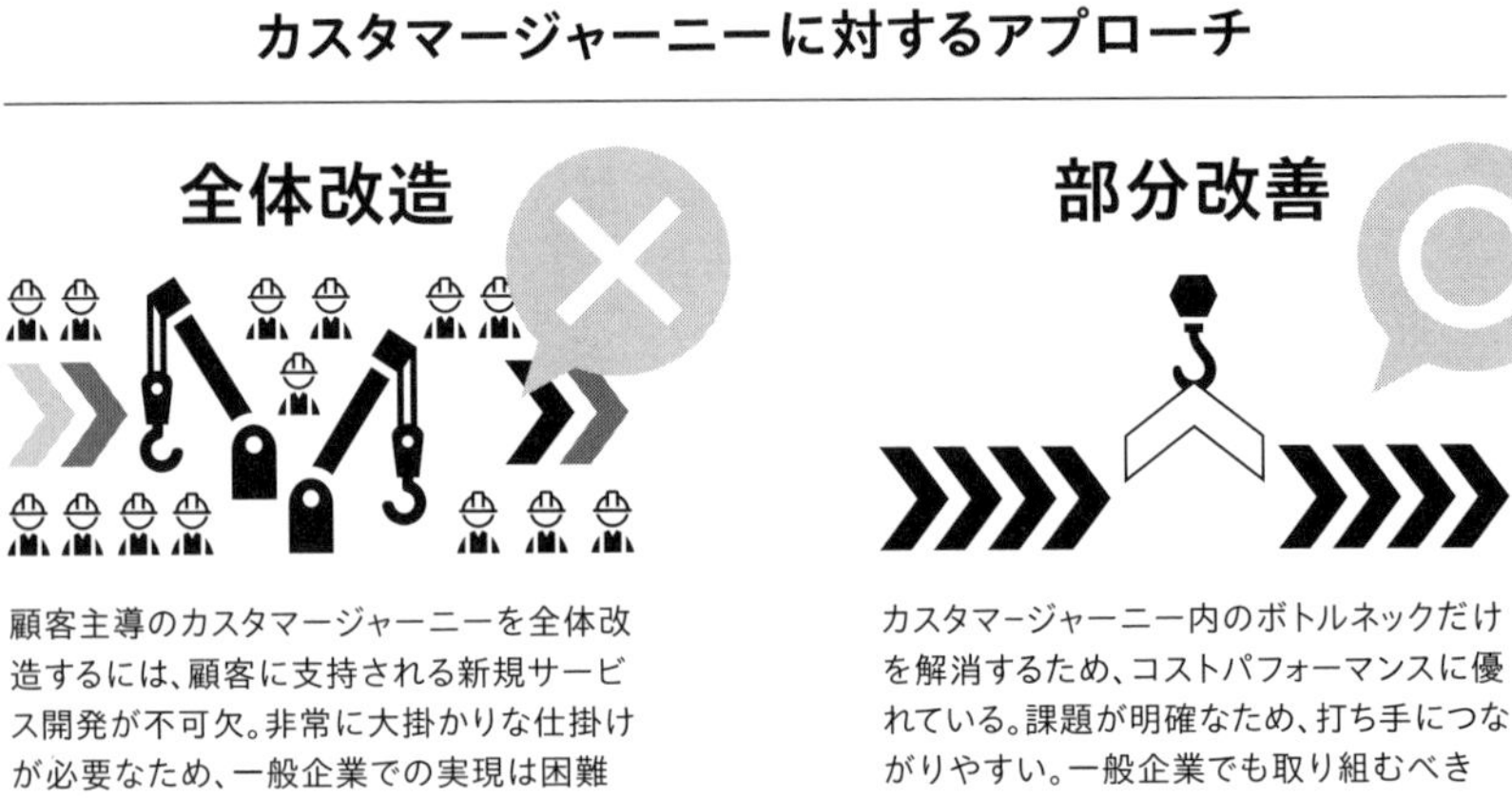

平安保険は、生命保険を売るために、国民の大半が使う無料医療相談アプリを提供して成功を収めました。しかし、そんな国民の大半が使うような「無料医療相談アプリ」を作ることができる日本企業が、いったい何社あるでしょうか。あなたが時価総額トップ10に入っている会社の社長でもない限り、まずは現実を見つめ直してください。

99%の企業は、カスタマージャーニーをねじ曲げようだなんて、そんな大それた野望は抱かず、カスタマージャーニーの一部だけを改善する「ボトルネックの解消」に集中すべきです。

繰り返しになりますが、LTVボトルネックを解消するアプローチは、障害のある点だけに対応すればいいので、素早く低コストで改善できます。LTV改善という壮大なテーマに、コスパ良く対応できる唯一の方法なのです。

【本書の構成】

本書では、ＬＴＶ向上のために「ＭＡＳＴ」と呼ぶ４つのボトルネック解消に向けたフレームワークを提唱します。各章で詳述しますが「ＭＡＳＴ」とは、Ｍｅｅｔ（出会う）、Ａｔｔｒａｃｔ（引き付ける）、Ｓｅｎｓｅ（検知する）、Ｔｒａｄｅ（商売する）の頭文字で、それぞれの企業活動でボトルネックが発生します。大きく４つに分類したボトルネックについて、具体的な事例を交えて改善方針まで説明します。後半では顧客調査の手法や、ＫＰＩ策定の方法といった実践手法を紹介します。各章の概要は下記の通りです。

第1章　ＬＴＶの「成功事例」が少ないのはなぜか？

前述の通り、ＬＴＶ向上を狙った施策の多くは顧客視点の欠如で失敗します。第1章では、失敗しやすいケースを紹介し、同じ過ちを繰り返さないようにしていただくのが目的です。顧客の囲い込み、データに基づいた「データドリブン」のアプローチ、ブランディング、部署や商品に閉じた活動など、失敗しやすい典型的なパターンを紹介します。

第2章 「MAST」に潜む罠

ＬＴＶ向上を目的とした有名なフレームワークは、これまで世の中に存在しませんでした。そこで本書ではＬＴＶを損ねるボトルネックを類型化し、それを解消するためのアクションにつながりやすい実践的フレームワークを「ＭＡＳＴ（マスト）」と名付けました。

ＬＴＶのボトルネックは、Ｍｅｅｔ、Ａｔｔｒａｃｔ、Ｓｅｎｓｅ、Ｔｒａｄｅの４つに分類できます。第２章ではこれらの頭文字から取った「ＭＡＳＴ」の概要を解説し、全体像の理解を促します。

第3章 「Meet（出会う）」のボトルネック

Ｍｅｅｔのボトルネックは、出会って認識してもらうまでの障壁の高さです。多くの顧客は、商品の購入を決めるまで企業にコンタクトしません。さらに言えば、購入した後でもその商品を認識していないケースがあります。

企業は顧客が商品を買いたいと思う前に、認識してもらわなければなりません。今すぐ商品を買わない潜在顧客だったとしても、敷居を低くしてどんどん新しい出会いを増やしていく必要があります。

第4章 「Attract（引き付ける）」のボトルネック

Attractのボトルネックは、顧客に魅力を伝えきれていないことです。顧客にとって、あなたの商品はワンオブゼムに過ぎません。そのため、商品の特徴や魅力は顧客に全く伝わっていません。もし伝わったとしても、すぐに忘れ去られてしまいます。

企業側が当然伝わっていると思っている商品の魅力を、顧客に正しく認識させるだけで、想像以上に顧客を魅了して引き付けることができるのです。逆に言えば、過剰なおもてなしは不要です。

第5章 「Sense（検知する）」のボトルネック

Senseのボトルネックは、顧客との接点が少な過ぎて、その顧客が今どのような状況になっているかが分からなくなることです。商品を買いに来たタイミングの顧客としか接点がない企業は、日常的に発生する顧客の変化に気が付きません。いつの間にか疎遠になってしまい、他社の商品を購入してしまいます。

企業は、顧客の変化を検知できる「有用なデータ」取得に力を入れるべきです。そのためにはデジタルを活用し、顧客接点を「過剰化」しなければなりません。デジタルはセルフサービスチャネルのため、顧客接点を低コストで増やすことができます。

第6章　「Trade（商売する）」のボトルネック

Tradeのボトルネックは、営業すれば売れる顧客に対し、遠慮し過ぎて勝機を逃していることです。「営業＝迷惑」という認識が強く根付いてしまっている企業では、顧客に対して受け身な態度を取り過ぎてしまいます。その結果、顧客は「あの人たち、何で営業してこないのかな？」と不審に思ったり、「本当は相談したいことがあったのに、聞きそびれてしまった」と逆に遠慮したりします。

Attractで十分引き付けられているか、Senseでタイミングを検知した顧客には、遠慮せずに商品を売り込むべきです。既に取引のある顧客であれば、よほど迷惑な営業でもない限り拒絶されることはありません。

第7章　LTVボトルネックを取り除け！

自社のLTVボトルネックを洗い出すためには、顧客調査がお勧めです。まず社内でカスタマージャーニーとボトルネックの仮説を洗い出します。その上で、定性調査と定量調査を使って顧客の解像度を高める方法を解説します。

次は、ボトルネックを解決するための施策を洗い出し、KPI・目標・優先度を定めます。加えて、これまで惰性で続けてきた施策のうち、LTVに影響しないものを中止することにも言及します。

第8章　ＬＴＶの成果を見える化する

ＬＴＶを計測するための「完璧な指標」は存在しません。長期での結果は後から振り返れますが、短期での結果は未来を予想できないため評価できません。短期のＫＰＩは、完璧な指標を追い求めず、妥協して運用すべきです。

本書では課題になっているボトルネックを解消できたかどうかを、短期的なＫＰＩにする方法を紹介します。この手法はボトルネックが特定できていなければ使えませんが、成否は明確なため振り返りが容易です。

目次

はじめに

第1章 ＬＴＶの「成功事例」が少ないのはなぜか？ 成果が見いだせず、葬り去られている実態

第3章 「Meet（出会う）」のボトルネック 認識までの障壁が高過ぎる

第4章 「Attract（引き付ける）」のボトルネック 顧客に魅力が伝わらない

第5章 「Sense（検知する）」のボトルネック 接点不足で顧客状況が分からない

Contents

第 1 章

LTVの「成功事例」が少ないのはなぜか？

成果が見いだせず、葬り去られている実態

1-1 「ＬＴＶの成功事例」はサブスクの事例とツールの宣伝ばかり

第1章は、ＬＴＶの失敗事例をひたすら約50ページにわたって書き連ねています。失敗事例よりも実践手法を早く読みたいという方は、そこを飛ばしていただき、章末の「まとめ」だけお読みいただいても構いません。日ごろから無駄なＬＴＶ施策を目の当たりにし過ぎてきた、私の個人的な鬱憤もあって、かなりの長文になってしまっています。

２０２３年4月時点、Google検索で「ＬＴＶ成功事例」と検索して出てくるのは、化粧品や健康食品の単品通販（サブスク通販）の事例ばかりです。サブスクリプション型ビジネスは、定期購入を前提としているため、ＬＴＶに意識が向きやすいビジネスです。定期購入ユーザーの「人数×単価×継続率」で売り上げが決まるため、自然に「継続率」を意識できます。この継続率が高ければ高いほど、新規獲得に使える宣伝コストも大きくなります。

しかし前述の通り、ＬＴＶという概念はサブスクだけのものではありません。全てのビジネスにおいて、最も重視しなければならないことの1つです。本来「ＬＴＶ成功事例」と検索したときに、様々な業種の事例が出てこなければならないと、私は思っています。

さらに、サブスクリプション型ビジネス業界において、LTV向上の取り組みが進んでいるかといえば、別にそういうわけでもありません。

「LTV成功事例」と検索して出てくるサブスクリプション型ビジネスの成功事例を見ても、カスタマージャーニーを細かく点検し、ボトルネックを解決したという記事は見当たりません。検索して出てくる記事なので、非公開の情報もあるのでしょうが、顧客の状況を詳しく説明することはなく、「施策を打ったら成果が上がった」というものばかりです。

また「人数×単価×継続率」のうち、「継続率」を高めたという事例は1つもありません。人数を増やす「新規獲得」施策と、単価を増やす「クロスセル」施策は、いくつも事例がありましたが、これらは他業界でもよく見られる成功事例です。

実はサブスク型の健康食品や化粧品の「継続率」を伸ばすことは非常に困難です。顧客理解を深めると分かりますが、こうした定期購入商品が解約される最大の原因は、「使い忘れ」「飲み忘れ」で商品が「たまってしまう」ことです。家の片隅に、未開封の段ボールが重なっていくことで解約を招きます。

しかしこの「使い忘れ」「飲み忘れ」を解消するのは非常に困難です。コールセンターから解約防止のために電話すると、逆に「そういえばたまっていたので解約します」と言われてしまいます。飲み忘れ防止カレンダーを作って郵送しても、それをきっかけに商品がたまっていたことを思い出して、解約されてしまいます。

あまり良いことではありませんが、商品がたまった状態でも、解約を思い出されないように「何も連絡しない」ことが、継続率を高める最善手になり得ます。もちろん商品の魅力を高めることで、継続率を高める努力も続けるべきです。しかし「継続率」に効く特効薬は、これまで聞いたことがありません。

このようにサブスクリプション型ビジネスでも、ＬＴＶ向上のボトルネックを深く掘り下げて解決に向き合っているケースはまれなのです。

話をＧｏｏｇｌｅの検索結果に戻し、さらに下まで見ていくと、次に出てくるのは、ＣＲＭ（顧客情報管理）ツールや、ＭＡ（マーケティングオートメーション）ツールの宣伝です。

確かにＣＲＭやＭＡは、ＬＴＶ向上に必要なツールです。顧客データを収集して、様々なシナリオを設計し、１ｔｏ１コミュニケーションができれば、ＬＴＶが向上するという主張がなされています。

しかし具体的なＬＴＶの成功事例を見てみると、やはり前述したサブスクリプションビジネスくらいしか出てきません。ＣＲＭやＭＡツールの成功事例といえば、メールマガジンの改善や、スコアリングによる営業改善などがほとんどで、ＬＴＶにまで言及したものは見たことがありません。

このようにＬＴＶ向上の成功事例は、Ｇｏｏｇｌｅで検索しても見当たりませんし、Ｔｗｉｔｔｅｒのタイムラインを眺めていても見つかりません。ＬＴＶやＣＲＭ関連の書籍を読んでも、なかなか見つけることができません。業界の知人に聞いて回っても、成功事例を聞けることはほとんどありません。

LTVの「成功事例」とは何を指すのか

それではＬＴＶ向上の「成功事例」とは一体どういうものでしょうか？　最も分かりやすいのは、中長期での売り上げや利益が伸びるケースです。ただＬＴＶ向上施策は、長期的に顧客とのコミュニケーションを改善するものが多く、即座に売り上げや利益に反映されません。施策と成果の因果関係も分かりづらく、売り上げや利益で証明し尽くせないこともあるでしょう。

次に売り上げや利益につながるＫＰＩが伸びるケースです。シンプルにＬＴＶを分解すれば、「客単価×購入頻度×継続購入期間」なので、これらが伸びた場合も成功事例といえます。ただこの指標も扱いが難しく、特に「購入頻度」と「継続購入期間」は検証に時間がかかります。これを待っていると担当者が異動したり、転職したりしてしまいます。また成果が出ていないことの言い訳に、ＬＴＶを盾に結論を先延ばしすることも許されません。そうした場合、あえて期間を１年なり２年なりに区切ってしまい、売り上げや利益貢献を測ってみるといいでしょう。

私がお勧めするのが、本書で提唱する「ＬＴＶボトルネック」を特定し、それが解消されたかどうかをＫＰＩにして検証する方法です。前述したプロ野球球団の事例で「初心者は、球場に行く方法が分からない」というボトルネックが解消されたかどうかは、球場来場者へのアンケートで、初心者比率や不安解決率を計測すれば分かるでしょう。さらに公式サイトに新設した「初心者ガイドページ」がどの程度見られているかもＫＰＩになり得ます。

ただしこれには「初心者は、球場に行く方法が分からない」というボトルネックが、カスタマージャーニーの中でも特に大きな障害になっていることを証明できていなければなりません。担当者の好みで課題を設定していては、重箱の隅をつつくような施策に傾倒してしまう可能性もあります。

ＬＴＶボトルネックの解消をＫＰＩにするには、カスタマージャーニーの解像度を高め、対応するボトルネックの優先順位を決めなければなりません。それなりに手間はかかりますが、成功事例の証明としては十分でしょう。

成功事例がなかなか見つからない一方で、「ＬＴＶ」という言葉は、サブスク型の企業以外でもよく使われています。ベンダーの提案書にもよく書かれていますし、広告主の企画書にもよく出てきます。「ＬＴＶ」という言葉が登場するシーンは、後述する「顧客囲い込み」「顧客データ活用」「ブランディング」などです。こうした施策の提案書や企画書には、夢いっぱいの妄想が膨らんでいます。しかし成功事例として、世に公開されることは極めてまれです。

実態としては、取り組んではみたものの成果が見いだせず、静かに幻滅され、葬り去られているのです。こうした失敗事例から学び、同じ過ちを繰り返さないようにすることが、第1章の目的です。

1-2 顧客の「囲い込み」は妄想で始まり廃虚に終わる

まず紹介する失敗パターンは「顧客の囲い込み」です。企業担当者は顧客が他社サービスに流れないように、自社との接点を増やそうとします。

そもそも私は「顧客を囲い込む」という表現に強烈な違和感を覚えます。自分の人生を振り返って、どこかの企業に囲い込まれていたことがあるでしょうか？　私には何一つとして思い当たる記憶がありません。

大学時代の知人に、人生の全てをかけて男性アイドルグループの追っかけをしている人ならいました。全国ツアーがあるときは、文字通り全国を飛び回り、ほぼ全ての公演に通っていました。当然、飛行機代だけでもかなりの出費になりますし、ましてスケジュールを合わせるのも至難の業です。決して大富豪の子息というわけでもなく、アルバイトだけでそのお金を捻出していました。まさに人生の全てを、その男性アイドルグループに〝囲い込まれていた〟といえるでしょう。

人生を囲い込まれるレベルでなくても、ある特定の分野で囲い込まれていればよいとすれば、私はGoogleの検索とGmail、AppleのiPhone、AmazonのECサイト、スターアライアンスのマ

図表4　失敗しやすい典型的な囲い込み施策

会員プログラム	会員アプリ	サブスク	メディア

会員向けにポイントやクーポンを提供することで、自社での購入頻度を高めようとする施策	既存顧客向けにスマートフォンアプリを提供し、接点を増やすことで囲い込もうとする施策	これまで「都度購入」だった商品を「定期購入」に変えて、購入頻度と期間を伸ばそうとする施策	自社独自のメディアを立ち上げ、定期的に記事や動画を見てもらって、読者を囲い込もうとする施策

いずれも顧客にとっての魅力が低く、失敗に陥りやすい

イレージなどには、ギリギリ囲い込まれているかもしれません。しかしそれ以外の企業に囲い込まれているという認識は持っていません。特定の企業に絞らず、好きなときに、好きなだけ、色々な企業の商品・サービスを使います。

　これは私に限った話ではなく、私が顧客調査をしてきた被験者たちも同じですし、読者の皆さまも同じでしょう。顧客調査の被験者で、楽天経済圏に囲い込まれていて、Amazonで見つけた本をわざわざ楽天ブックスで探し直して買うという行動を見たことがあります。これはかなり強い囲い込みの事例ですが、〝楽天経済圏〟という大規模なプラットフォーマーでなければできないことです。つまり顧客を囲い込むことは、極めてロイヤルティーの高いファンビジネスや、大規模なプラットフォーマーでもなければ、そもそも不可能なのです。

冷静に考えれば、顧客の囲い込みなど、一般的な企業には到底できないことに気が付きます。しかし世の中の多くの企業は、なぜか定期的に「囲い込み」系の施策に手を染めます。典型例は「会員プログラム」「会員アプリ」「サブスク」「メディア」といった〝妄想四天王〟です。これら「四天王」がはびこる理由は、ベンダーにとってもうかるビジネスにつながるからです。一方で、本書が推奨するLTVボトルネックの解消は、決してベンダーがもうかる話ではないので、普段は日の目を見ません。

妄想四天王その1「会員プログラム」

まず「会員プログラム」ですが、別名「ロイヤルティープログラム」や「ポイントプログラム」とも呼ばれます。本書の「はじめに」でも、安易な会員プログラムがいかに傲慢で、なぜ失敗するのかを書きました。端的に言えば、わずかなポイントやクーポン、または「ゴールド会員」などの称号をもらっても、顧客は全然喜ばず、囲い込むことはできないということです。

会員登録の手間がそれほどなさそうなら、ポイントやクーポンを手に入れるために、会員になってくれるユーザーはいます。しかし「他のサービスに浮気せずに、このポイントをため続けたい」と思ってもらうまでには大きな壁があります。通常は、初回購入でたまったポイントを使って終わりか、忘れ去られていつのまにかポイントが失効します。

当社が実施した顧客調査から分かったことですが、ため続けたいポイントとは「高頻度で使えるポイント」でした。「よくたまる」よりも、「よく使える」ポイントのほうが、ためたいと思えるのです。「よく使える」ということは、ポイントを交換できる商品の質が良いか、数が多いということです。利用者数の多い「楽天ポイント」は交換できる商品の数が多いですし、「飛行機のマイル」は交換できる商品の質が高いといえるでしょう。

一般的な企業が提供するポイントプログラムは、自社商品としかポイントを交換できないものがほとんどです。これでは、ポイントを交換したいと思う頻度はさほど上がらないでしょう。どうあがいても楽天ポイントのように、様々な商品に使えるプラットフォーマーのポイントには勝てません。

もしあなたのブランドが、顧客の生活に入り込めていて、購入頻度が極めて高いか、商品の魅力が非常に高ければ、ポイントを使いたいと思う頻度は上がるでしょう。例えば、ホテルのポイントプログラムでは、高頻度で宿に泊まる習慣がある顧客はポイントをためたいと思っています。しかしそこまで顧客との距離が近いなら、会員プログラムなどなくても、ＬＴＶが高い状態を維持できていることがほとんどです。ポイントはただの値引きになってしまい、利益を圧迫するだけです。実際、上記のホテルのポイントをためているユーザーたちは、「立地が良い」「天然温泉」「朝食ビュッフェの品数が多い」などが理由でリピートしていました。ポイントはよく使う宿だから、意識的にためているだけなのです。

「会員プログラム」はポイントによる囲い込みの他に、グループ企業内でのクロスセルを狙うのに使われることがあります。例えば不動産ビジネスなら、グループ企業が提供する住宅、ホテル、商業施設、鉄道などのクロスセルを狙い、自社の経済圏でお金を落としてもらおうとする施策です。

特に購入金額の大きいロイヤル顧客に絞って、グループ企業のサービスの優待を付与するような施策が一般的です。しかしこうした施策も妄想に終わるケースがほとんどです。そもそも特定のサービスを使っていても、グループ企業のサービスまで使いたいとは思いません。あるグループのホテルを使っているからといって、そのグループの商業施設で買い物をしたいとは思いません。さらに言えば、そのホテルと商業施設が同じグループ企業に属していることすら知られていないこともよくあります。

ある不動産グループでは、グループ企業共通のポイントプログラムがありました。ホテルでためたポイントは、同じグループの商業施設でも使えます。しかしこのグループ企業の調査で分かったことは、ホテルで初回の会員登録をしたユーザーは、ホテルでポイントをためて、ホテルでポイントを使っていました。他の商業施設や交通サービスでポイントを使うことはありません。逆に、商業施設で初回の会員登録をしたユーザーは、商業施設でポイントを使っており、他のホテルなどには使いません。グループ共通のポイントがあったとしても、普段使っているサービスでポイントをためて、普段使っているサービスでポイントを使うだけで、クロスユースが自然発生することはありません。

クロスユースを起こすには、送客される側の事業についての顧客理解を深めなければなりません。商業施設をよく使っているユーザーに、新しくホテルを利用してもらいたいなら、どのような状況でどのように宿を探し、どのような特典をどのタイミングで提示すればよいかを解明しなければなりません。これは後述するＬＴＶのボトルネックを明らかにするアプローチと同じです。共通のポイントや特典があるだけで、勝手にクロスユースが起こることなどないのです。

妄想四天王その2 「会員アプリ」

次に「会員アプリ」の失敗パターンを解説します。「はじめに」でも、アプリで顧客を囲い込むことの難しさを説明しました。スマホのホーム画面のＬＩＮＥ、Ｇｍａｉｌ、Ｔｗｉｔｔｅｒなどに匹敵するほど頻繁に使われるアプリを作れる企業はなかなかないはずです。

しかし既存顧客向けに安易なアプリを作り、全く使ってもらえずに放置されるという〝廃虚プロジェクト〟をよく見かけます。特に「わが社の全てを詰め込んだアプリ」や「私のブランドの全てを詰め込んだアプリ」など「全部盛りのアプリ」を作ってしまうケースは最悪です。アプリをアーティストの自己表現の場か何かと勘違いしているのでしょうか?

ある自動車保険会社で、既存顧客向けに手続きなど全てを盛り込んだアプリを作ろうとしていました。手続きは、住所変更、車両変更、事故連絡などです。しかしそのアプリの仮案を顧客調査にかけたところ、そこから手続きをしたいと思うユーザーは、全く現れませんでした。まず事故が起こった際は、アプリなど悠長に開いている状況にはなく、車の収納ボックスに入っている冊子から保険会社の電話番号を探してコールします。すぐに対応してほしいでしょうし、細かく手続きの流れなどをインタラクティブに確認したいのですから当然でしょう。

また住所変更などの手続きは数年に１回しか起こらないイベントのため、それだけのためにアプリをインストールすることなどありません。もし過去にアプリを登録してあったとしても、数年に１回のタイミングでは忘れてしまっています。住所変更の場合は、まずWebサイトを訪れ、そのままWeb上で手続きするか、電話番号を見つけて問い合わせるユーザーが多いのです。

企業側がアプリに全ての機能を盛り込んだとしても、顧客は自らの状況と照らし合わせて、最適な手段を選びます。アプリが使われるのは、アプリが最適な手段であるケースのみです。既存顧客向けにアプリを作る場合は、ユーザーが本当に使う機能にだけ、あえて小さく絞り込むべきです。そうすればアプリ内の動線がシンプルになり、使い勝手が良くなります。同時に開発と運用コストも下げることができます。

ではアプリとはどのようなときに最適な手段になり得るのでしょうか？ 正解は、端的に「頻度が高いタスク」を最短で達成したい場合だけ、アプリは最適な手段となり得ます。

突然ですが、私のスマホのホーム画面には1ページに28個のアプリが表示できます。この最初のページに表示されるかどうかが重要となります。大ざっぱに言えば、スマホを用いてこなすタスクのうち、頻度の高さが28番目以内であれば、そのアプリが選ばれる可能性が出てくるというわけです。

一般的な企業のアプリで、顧客が高頻度で使うのは「EC」「店舗」「メディア」のいずれかであることがほとんどです。「EC」は毎日新着商品をチェックしたいと思えるくらい、ファンのユーザーしか使いません。「店舗」も高頻度で通っているユーザーしか使わず、ポイントカードやクーポンチラシの代わりにしています。「メディア」も毎日新着情報をチェックしたいと思うヘビーユーザーしか使いません。

アプリのターゲットは、既にLTVの高いヘビーユーザーであることを認識しなければなりません。つまりアプリはヘビーユーザーにとっての顧客体験を高めたり、プッシュ通知によってさらに購買頻度を高めたりすることに貢献する顧客接点なのです。

ヘビーユーザーであっても、利用頻度が低い業界の場合、アプリが使われないこともあります。例えば、宿泊施設などは利用される頻度が低いため、アプリも利用されづらい傾向があります。ホテル業界の顧客調査で「アパホテル」に年間数回泊まる被験者に話を聞いたところ、宿泊のたびにアプリをインストールし、チェックアウト後にアンインストールしていました。ホーム画面に余計なアプリを置いておきたくないため、泊まるときだけインストールするのだそうです。こうしたユーザーは決して珍しくなく、本当に頻繁に使うアプリだけを厳選しているのです。

繰り返しになりますが会員アプリを作れば、顧客を囲い込めるというのは妄想です。企業都合でカスタマージャーニーをねじ曲げることはできません。アプリにできるのは、既にＬＴＶの高い顧客でかつ、高頻度で利用するサービスにおいて、その体験をスムーズにすることだけです。

妄想四天王その3　「サブスク」

３つ目に「サブスク」の失敗パターンを紹介します。ＬＴＶを伸ばそうとして、「都度購入」を「定期購入」に変えたいと思う企業は多いでしょう。定期購入にしてしまえば、何もしなくても毎月チャリンチャリンと売り上げが立つのです。

しかし都度購入できるものを、定期購入にしたところで、顧客側のメリットはほとんどありません。定期的に買いに行くのが面倒な商品を、定期購入にすることでわずかに割引されるくらいしか良い点はないでしょう。購入しても結局使わずに放置されたり、解約に違約金が発生したり、デメリットも大きいというのが実態です。安易なサブスクもまた、顧客に選んでもらえないのです。

私の会社の恥ずかしい過去をさらすと、当社が提供する「AIアナリスト」という主力サービスも、安易な気持ちで都度課金から定額課金に変えて失敗しました。サービスリリース当時は、Webサイトのデータ分析から改善方針のリポートを出す機能を、1回5万円という都度課金で販売していました。しかしこれだと売り上げが安定しなかったため、当時流行し始めたSaaS（ソフトウエア・アズ・ア・サービス）ブームに乗って、安易に「月額5万円」のサブスクに変更したのです。

これによって順調に月額課金の契約は増えていったのですが、その直後から導入した顧客からのクレームが大量発生しました。Webサイトのデータはそれほど激しく変化するものではないため、毎月分析してもほぼ同じような結果しか返ってきません。さらに、分析結果を見せられても、そこから何をすればいいかが分からないのです。「月額課金にしたのに、毎月同じようなリポートがきます。何をしたらいいのでしょうか……」というクレームがほぼ全顧客から寄せられました。

都度課金のほうが顧客にとって価値の高い商品やサービスを、無理やり企業都合で定額課金にすると、顧客満足度が落ち、むしろLTVを毀損する可能性すらあるのです。

サブスクリプション型のビジネスは、本来、顧客側に有利なサービスとして生まれています。SaaS

であれば、まだちゃんと使えるかどうか分からないシステムの開発に高額な初期費用を支払わず、気軽にトライアルできるのがメリットです。さらに、導入したら終わりではなく、世の中の変化に合わせて継続的に機能をアップデートしてくれるのも、顧客に有利な点です。

サブスクで定額課金にするならば、それによって顧客側がメリットを享受できるような形にしなければ長続きしません。安易なサブスクは顧客に選ばれず、ＬＴＶ向上にもつながりません。

妄想四天王その4「メディア」

最後に「メディア」の失敗パターンを紹介します。自社独自のメディアを立ち上げ、定期的に記事や動画を見てもらって、読者を囲い込もうとする施策です。前述の３つよりも手軽に始められるため、お金が余っている企業には人気の施策です。

メディアが失敗する最大の原因は「集客できない」ことです。編集のプロではない、確固たる思想はない、保守的で言えることが少ない状況で、「囲い込みたい」という気持ちだけが先行しているのが企業の独自メディアです。そんなものを見たい・読みたいと思う人がいるでしょうか？　当たり前ですがつまらないメディアに人は来ません。見てくれる人がいるとすれば、それはもともとその企業のファンだった人が、お情けで訪れるくらいです。

集客できずに焦った企業は、お金を使って人を呼び込みます。まずは広告ですが、せっかく広告を打つなら、ストレートに商品やサービスに誘導したほうが効果的です。ブランディングのためにメディアに人を呼びたいという考えもあるかもしれませんが、前述のつまらないメディアを見たところで、企業に対する印象が変わるはずもありません。あなたが本気で面白いと思えるメディアを作れているなら話は別ですが。

次にお金を使うのはＳＥＯ（検索エンジンの最適化）です。Ｇｏｏｇｌｅなどの検索エンジンで、検索結果を上位に表示させることで集客します。ＳＥＯは真面目に取り組めば、ある程度人数を集められますが、一般的な企業のメディアならせいぜい月間10万〜50万人が限界です。自社企業に関係するキーワードで検索する人数に上限があるためです。これだけの人を集めるのに、外注リソースも使って最低でも数千万円のコストがかかります。単価が高くターゲット数の少ないＢｔｏＢや高額耐久財を扱う企業なら元が取れるかもしれませんが、単価が低くターゲット数の少ない消費財や店舗ビジネスでは相性が悪い施策です。

最後に自社顧客リストを使ったメールマガジンです。メルマガは顧客リストが多ければ有効な集客手段になり得ます。しかし顧客と定期的に接点を持ちたいだけなら、メディアなど作らずメルマガだけ送っていればよいのです。企業の担当者が、メルマガではなく、わざわざメディアを作るのは「やった感」のある派手な仕事に見えるからです。メルマガはＬＴＶ向上のために極めて有効な施策の１つですが、地味過ぎるため企業の担当者からは不人気です。

集客の手段は、他にも色々ありますが、いずれもうまくいきません。例えばＳＮＳとの相性は最悪です。

SNSは面白い情報でなければ拡散しませんので、企業視点で作られたメディアでは一切集客できません。もちろん思想性を確立し、先鋭的なスタンスでとがった情報を出し続けることができるなら、様々な手段で集客できます。しかし、一般的な企業は、ブランディング、広報、IR、コンプライアンス、社長の一声、担当者の思い込みなど様々な圧力によって、骨抜きのつまらない情報しか出せません。

　結果的に企業が作るメディアは、社内でも仕事がない人のリソースを埋めるためだけに使われる「穀潰し」媒体に成り果てるのです。

「会員プログラム」「会員アプリ」「サブスク」「メディア」を例に、顧客を囲い込もうとする施策の愚かさを説明してきました。冒頭でもお伝えした通り、カスタマージャーニーをねじ曲げて、顧客を「囲い込む」ということ自体がそもそも無理筋なのです。

　自然に集客できるメディアとは「囲い込む」ための情報ではなく、顧客が自ら探している情報を掲載しているメディアです。顧客のニーズは多様ですから、狭いニーズに対応するコンテンツほど集客力があります。そのため、集客人数を増やすには、様々な顧客に対応する膨大な量のコンテンツが必要です。一朝一夕につくれるものではありません。

1-3 ゴミのようにたまったデータは、分析してもゴミのまま

データ分析・活用は、LTV向上とよくセットで語られるテーマでしょう。

顧客データをしっかり分析したら、LTV向上のアイデアが見つかるかもしれない。データを使って顧客と1to1コミュニケーションがとれれば、LTVが向上するかもしれない。こんな淡い夢を見ている経営者やDX（デジタルトランスフォーメーション）担当者はたくさんいます。

確かにLTV向上を目的に、カスタマージャーニーを把握することは有効です。そのため社内にたまっている顧客データを分析したくなる気持ちは分かります。しかし結論から言えば、意図せずして社内にたまっているデータを後から活用しようとしても、うまくいくケースはほとんどありません。

その理由は、データの量と質が完全に不足しているからです。「大掃除のときに捨てられなかった大量のガラクタを、後からオークションに出したら1億円もうかった！」なんてことがないのと同じです。

社内にどんどん散らばっていく「顧客データ」

データ分析の失敗事例における「はじめの一歩」は、目的意識の薄い「データ統合」です。マーケティング担当者は、統合したデータを何に使うか深く考えないまま、何となく散らばったデータの統合をスタートします。

企業の中で、顧客データは、常に散らばっていく「さだめ」にあります。例えば営業担当者は、自分の顧客を個人所有の手帳やエクセルで管理したがるため、営業の人数だけ顧客データは散らばります。他にも、新規事業や新規プランができれば、別のエクセルで管理したくなるため、また顧客データは散らばっていきます。問い合わせ管理、営業管理、経営管理、請求管理など、部署別に異なるエクセルが使われ、また顧客データは散り散りになります。

あなたの手元にも、統合管理している顧客データベースとは別に、ひそかによく使っているエクセルの顧客データが１つや２つはあるはずです。このように人間の数だけ、事業の数、部署の数、会社の数だけ顧客データは散らばっていくのです。

顧客データは散らばる「さだめ」にあるため、常に「散らばっていること」自体が問題視されます。顧客データが散らばっていれば、同じ顧客の状況を知りたくても、複数の顧客データベースを参照しなければなりません。さらに言えば、自分の知らないところに素晴らしい顧客データが眠っていても、その存在に気付くことすらできません。顧客データは散らばっていること自体が悪であり、それゆえ「データ統合プロジェクト」が発生するのです。

こうした背景から、データ統合プロジェクトは、データを統合すること自体が目的になります。統合した後、どのようにそのデータを分析し、活用するのかは深く検討されないままスタートします。もちろん、社内の意思決定を促すため、データを統合して何に使うのか、どのような経済効果があるかなど、お茶を濁す程度の説明責任しか果たさない企画書が作られます。

しかしそれは「統合」ありきの企画書のため、具体性や実効性に欠けており、統合した後の混乱を招く火種になります。こうした企画書の中で、本書のテーマである「ＬＴＶ」という言葉が盛んに使われます。「ＬＴＶを伸ばすための顧客インサイトをデータ分析から発見する」や「ＬＴＶを伸ばすための１ｔｏ１コミュニケーションにデータを活用する」などが代表例でしょう。これらは妄想の域を出ておらず、データ統合後に関係者を苦しめることになります。

次第に統合データベースの存在が疑問視されます。どうせ使っていないならわざわざ統合データベースにデータを集めなくても良いのではと思う人が現れ、また顧客データが散らばり始めます。そうなれば、また顧客統合プロジェクトの機運が高まるという負のサイクルに陥ります。顧客データ統合を主導するシステムベンダーだけが何度も稼げる構図が完成するのです。

図表5　データ統合の失敗サイクル

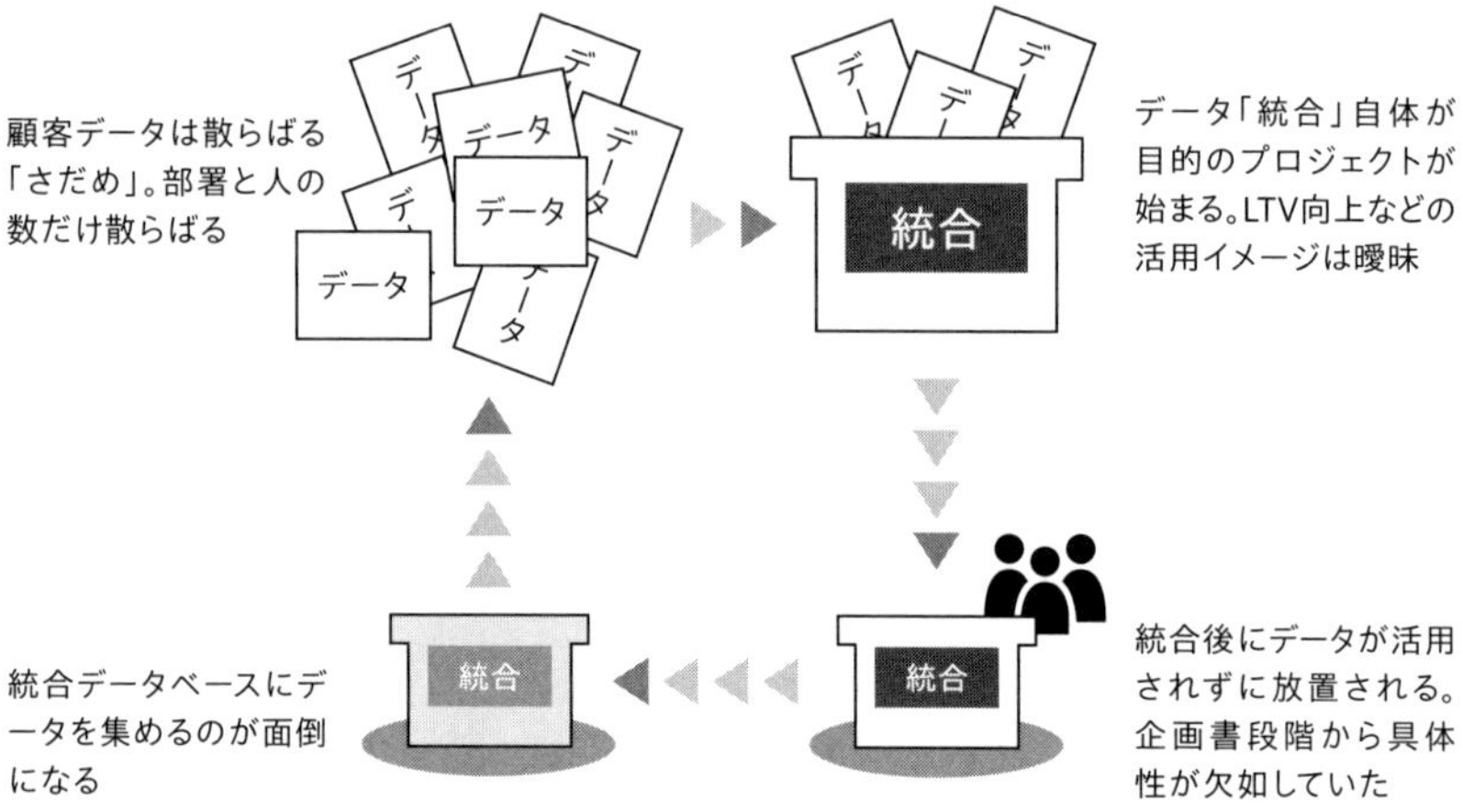

それではデータ統合の目的とはどうあるべきなのでしょうか？　1つ目の方向性は、ざっくりと言えば「データ分析の高度化」で間違いないでしょう。

多くのビジネスパーソンは、たまったデータを分析できずに放置しているという「罪悪感」を抱えて生きています。もちろん売り上げ目標の進捗など、短期的な業績は、誰もがデータで確認していることでしょう。しかし、日々たまっていく様々なデータを高度に分析することはできておらず、何か重要な見落としがあるのではと心の底で不安を抱えています。しかしその不安の多くは幻に過ぎず、「データの蜃気楼（しんきろう）性」とでも言うべき現象なのです。

一例として、Webサイトの閲覧行動を計測したデータにおける「蜃気楼性」を紹介しましょう。

以前、私はWebサイトの閲覧行動を計測する

「アクセス解析ツール」というツールの使い方を解説するセミナーを開催したことがあります。参加者に事前アンケートを取ったところ、このツールを「使いこなせていない」と回答した方は80％以上でした。しかしセミナー終了後に、再度アンケートを取ると「実は使いこなせていた」と回答した方が大半を占めたのです。

私はセミナーの中で、当時ツールが備えていた１０８個の機能メニューのうち、普段使うべきものは5個だけであると伝えました。これは私の個人的な意見だけではなく、当時このツールの専門家といわれる数人にヒアリングした際も、同じ5～6個のメニューしか使用していませんでした。さらに言うと、セミナーに参加した、事前アンケートで「使いこなせていない」と回答した人たちも、私と同じ5～6個のメニューを使いこなしていたのです。「使いこなせていない」と回答した理由は、使う必要のない、残りの１００個以上もあるメニューを見させられて不安になっていただけだったのです。

このように、人は未分析の大量データを見せられると、活用しなければならない、分析しなければならないという強迫観念に駆られます。その結果、手段である分析は、目的となり、無駄な仕事を生み出してしまうのです。

「データ分析」の本来の目的は、アクションにつなげること

それでは「データを分析する」という手段の、本来の目的は何なのでしょうか？

結論から言えば、マーケティングにおけるデータ分析の目的は、アクションにつなげることです。データをこねくり回して、何か面白い発見があったとしても、それが売り上げ増加やコスト削減のアクションにつながらなければ、何の意味もありません。科学の基礎研究ではないので、新しい知識が見つかること自体を目的にしてはならないのです。

アクションにつなげるために、データは2つの役割を担います。その2つとは「証明」と「発見」です。「証明」とは、アクション仮説の実行について、ステークホルダーを説得するための「裏付けデータ」を取得することです。「発見」とは、まだ見ぬアクション仮説を得るために「成果と連動する」データを取得することです。

マーケティング実務の初心者は、データ分析といえば「発見」をイメージしますが、現場で使われるデータ分析の大半は「証明」です。成果が出そうなアクション仮説を、実行してよいと了承を得るための裏付けデータ集めこそが、データ分析の本流なのです。

「証明」が必要になったとき、取得すべきデータは明確です。例えば、生命保険会社が契約確認のために毎年送付している冊子を、ハガキ1枚に変更したいというアクション仮説があったとします。紙の枚数が大幅に減りますので、郵送費・印刷費ともにコスト削減できることは言うまでもありません。しかし一方で、顧客側に伝えたいと思っている「契約内容の確認」「請求漏れの確認」「手続き漏れの確認」ができなくなるのでは？という懸念が社内から湧き上がります。そこで「証明」のために、冊子よりもハガキのほうが、むしろ顧客に伝えたいことが伝わりやすいというデータを取得する必要が出てきます。

証明のためには、例えば、現状の冊子は枚数が多過ぎるため、ほとんど読まれておらず、顧客側に何も伝わっていないというデータが有効でしょう。さらに、仮にハガキ1枚で送ったほうが、むしろ顧客に見てもらえて、少しでも伝えたいことが届くようになるというデータが必要です。このようにアクション仮説があれば、証明したいことは自明であることがほとんどです。大量のデータを五里霧中で分析し、無駄に時間を費やすことにはなりません。

顧客データを「証明」に使う注意点

この「証明」データを得るために有効な手段とは何でしょうか？「顧客が読んでいない」「顧客に伝わっていない」「（まだ見ぬ）ハガキのほうが読まれる」などの顧客体験を明らかにするには、顧客へのアンケートやインタビューが有効です。仮説を証明するため、新たに設問を考えて顧客に投げれば、その真偽を問うことができます。

一方で、過去に偶然たまっていた社内データから得られる情報は限定的です。購買データ、顧客属性データ、問い合わせ履歴データ、Webサイト閲覧履歴データなど様々なものがあり、それらが統合されていたとしても、顧客体験を明らかにすることは極めて困難です。もちろん問い合わせ履歴で「冊子が読みづらい」といったクレームがあるかもしれません。それによって部分的な証明はできるかもしれませんが、ほとんどの場合は証明できないことが残るはずです。

なぜなら、長いカスタマージャーニーのうち、たまたま社内にデータとして残っている顧客接点があまりにも少ないからです。生命保険会社の例であれば、顧客1人のデータを統合したとしても「初回契約した」「営業電話をかけた」「問い合わせがあった」「Webサイトを見た」くらいの顧客接点しか分かりません。それ以外の顧客行動は何一つ見えません。先ほどの1年に1回届く紙の冊子についてだけでも、「妻が郵便受けから取り込んだ」「ダイニングに置かれていたので夫が開封した」「1枚目の契約内容確認だけ読んで終了した」「重要そうな紙をまとめるトレーに入れた」「1年に1回大掃除のタイミングでトレーの中身を捨てた」といった顧客体験がありますが、社内の顧客データからそれらを把握することはできません。一方で、アンケートやインタビューなら、いとも簡単に、こうした顧客体験を把握できてしまいます。

どこの馬の骨とも分からない人が回答したアンケートよりも、実際の顧客のデータを重視したいという人もいるでしょう。それならば、実際の顧客にアンケートを取れば済むだけです。わざわざ過去のデータをかき集める必要はありません。「証明」において、大量データの統合や分析は、カスタマージャーニー全体を見渡すことができないため、「脇役」と言っても過言ではないのです。

蛇足ですが、顧客データを「証明」に使いたいだけなら、データの統合などせずとも、スポットでデータを突合して集計するだけでも構いません。データ統合は、リアルタイムにデータを活用するシーンにおいてのみ必要になるのです。

データ分析の目的が「発見」なら、まずは相関分析から

次に「発見」というデータ分析の目的について解説します。「発見」とは、まだ見ぬアクション仮説を得るために「成果に影響する」データを取得することです。前述の通り、実務でこうした仕事に向き合っている人は1％ほどしかいないでしょう。なぜならやみくもにデータを分析しても、何かが「発見」されることは非常にまれだからです。

有効なアクションを導き出すために最も直接的な分析は、成果と相関する顧客体験を洗い出すことです。ただでさえ難しい「発見」に時間を費やすなら、まずは相関分析から始めるべきです。相関関係があるからといって、必ずしも因果関係があるわけではありませんが、「発見」の足がかりにはなります。相関関係のある顧客接点が見つかれば、それを施策に落としてアクションにつなげ、実際に成果が伸びるかどうかを証明すればよいのです。

例えば、あるカタログ通販企業で行った相関分析では、「富裕層の女性向けカタログを受け取っている」ことと、「男性用下着を買う」ことに相関があることを突き止めました。なぜそのような相関があるのかは分かりませんでしたが、試しに富裕層の女性に対して男性用下着特集をつくってメールで告知したところ、想像以上の売り上げになりました。相関関係が「発見」されれば、理由が分からなくてもまずは実験してみればよいのです。もし成果が出たなら、顧客インサイトの仮説を立て、さらにインタビューを実施するなどして施策の再現性を高めていけばいいでしょう。

相関を見つけるには、ＬＴＶを計測する成果データと、顧客体験を把握する履歴データが必要です。成果データは「ＬＴＶ」としたいところですが、それは難しいでしょう。未来まで含む、生涯の利益を算出することが非常に難しいため、代替となりえる成果データを探します。例えば、まずは３〜５年間の売上合計額などを代替値として用いてもいいでしょう。しかし数年間の顧客の購買データをきちんと記録していない企業も多くあります。ここでもまた、データの量と質が足りないという課題にぶち当たります。

さらに問題になるのが履歴データのほうです。前述の通り、カスタマージャーニー全体において、１つの企業が顧客と接点を持てるのは、ほんの一瞬に過ぎません。企業内にたまったデータを、どれだけかき集めても、顧客体験の履歴データは全くもって足りないのです。

履歴データが不足した状態で相関分析をすれば、得られるのは「当たり前の結果」ばかりになります。「ゴールド会員は、ＬＴＶが高い」「高単価商品を買った人は、ＬＴＶが高い」のような本当に意味のない結果ばかりが出てきます。他にも「２〜３回購入した人は、その後もリピート購入しやすい」のような、どのビジネスにも当てはまるような結果もすぐに出てきます。このように顧客接点の履歴データが足りなければ、わざわざ労力を割いたとしても、得られる果実などこれっぽっちもないのです。

本気で「発見」の果実を得たいのであれば、まずは全社一丸となって、顧客体験の履歴データを集めることにフォーカスしなければなりません。例えば、営業担当者は商談の履歴データを全て記録し、マーケティング担当者はメールやサイトを充実させて顧客接点を増やし、広報担当者は社内外で起こっている大きな環境変化を記録し、それらの顧客データを統合できる会員基盤を作らなければなりません。

さらに言えば、たまたま、たまっているデータだけではなく、分析のために必要なデータを新たに集めるほうが効率的です。ここでも「証明」で解説した通り、アクション仮説があったほうが、必要な顧客接点のデータが明らかになるでしょう。言い換えれば、偶然たまっているゴミのようなデータを、後からいくらこねくり回しても新しい発見はなく、ゴミはゴミのまま見向きもされなくなるのです。

LTV向上のためには、意図的な顧客データの収集が重要

ここまでの話を一旦整理します。まず企業の中で、顧客データは自然に散らばっていく「さだめ」にあります。それゆえ、散らばったデータを統合すること自体が目的になりがちです。データ統合前は活用イメージが曖昧なため、結局うまく活用できず、途方に暮れるという失敗事例が生まれます。

データ統合の目的の一つは「データ分析の高度化」です。マーケティングにおけるデータ分析は、アクションにつなげなければ意味がありません。アクションにつなげるためには、データ分析による「証明」または「発見」が必要です。

「証明」は、やりたいアクションの仮説を裏付け、社内関係者を説得するために用います。欲しいデータは明確ですが、社内にたまった顧客データの分析から得られる情報はわずかです。アンケートやインタビューを組み合わせた顧客調査のほうが簡単です。

図表6　データ分析の役割

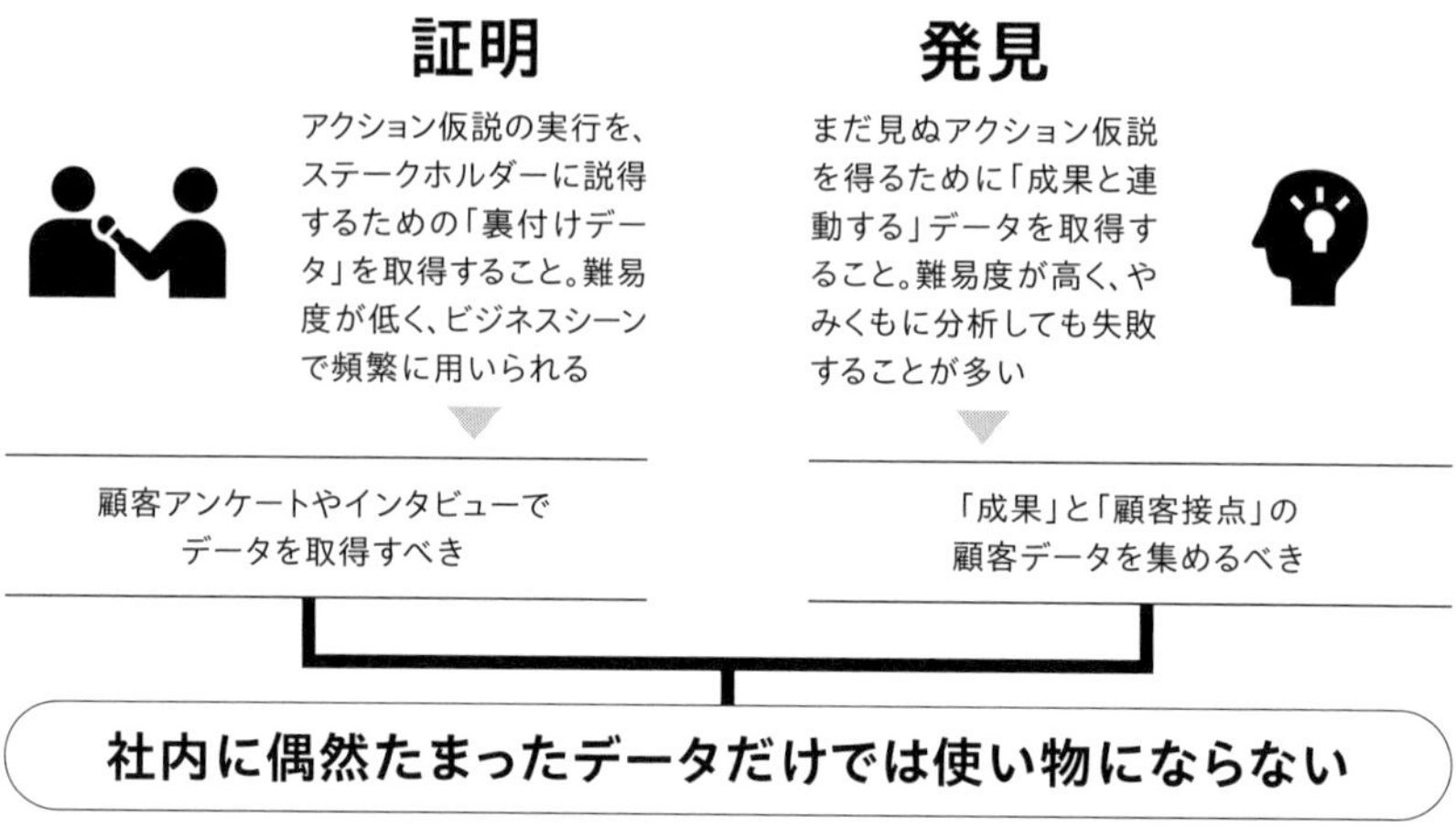

「発見」は、まだ見ぬアクションの仮説を見つけ出すために用いますが、成功確率はかなり低いです。「発見」のためには、まず「成果」と「顧客接点」の相関分析を行います。しかし、社内にたまった顧客接点のデータは常に不足しており、満足な結果が得られることなどほとんどありません。

　このように社内に偶然たまっているデータを活用しても、ＬＴＶ向上につながるアクションは実行できません。圧倒的にデータの量と質が不足しているのです。ＬＴＶ向上のためには、意図的に顧客データを集める必要があります。そのためにはアンケートやインタビューを組み合わせた顧客調査のほうがコストパフォーマンスに優れています。顧客データを用いたいなら、データ集めをゼロから始めなければなりません。しかしこれには、顧客接点を増やすためのコストと、「データ集めに注力すべし」という社内文化の醸成が不可欠です。

「1to1コミュニケーション」のターゲティングで大失敗

次にデータ統合の目的における、2つ目の方向性についても確認していきます。1つ目は「データ分析の高度化」でしたが、2つ目は「1to1コミュニケーション」です。この「1to1コミュニケーション」も失敗事例の多い分野です。

「1to1コミュニケーション」とは、顧客データを使って、一人ひとりのお客さまに最適化したコミュニケーションを取ろうとする施策です。一人ひとりのお客さまと、過去にわたって複数回の接点があれば、それらを基に接客方法をブラッシュアップできるはずです。こうして長くお客さまとお付き合いして、LTVを向上させるという発想です。

「1to1コミュニケーション」における顧客データのユースケースは、大きく「ターゲティング」と「一貫接客」の2つに分類できます。「ターゲティング」は1to1で丁寧にコミュニケーションする相手を絞り込むこと。「一貫接客」は過去の顧客接点を踏まえてコミュニケーションすることです。それぞれについて失敗例を紹介していきます。

まず「ターゲティング」ですが、顧客リストが豊富に存在する中で、どの顧客とコミュニケーションすればLTVが向上するか知りたい、というシチュエーションで用いられます。例えば、休眠顧客のリストから営業したい対象を探し出し、電話やメールで連絡するといった施策で用いられます。

ターゲティングの失敗も、やはりデータの量と質が不足していることによる、絞り込み精度の低さによって発生します。

あるＢｔｏＢ企業では、過去に取引履歴のある顧客リストを大量に保有していました。最近、電話やメールで顧客に営業する「インサイドセールスチーム」を発足したものの、顧客リストを上から順に全て電話していくのはとても非効率に思えます。そこでＡＩを使って、商談や受注につながりやすい順番に、顧客リストを並び替えるというトライアルを始めました。商談・受注データを正解データとして、過去の取引データとＷｅｂサイト閲覧データをインプットし、顧客リストにスコアを付けていくというシンプルな仕掛けです。ＡＩを使った取り組みということで、経営陣をはじめ、全社の期待を集めたプロジェクトにもなりました。

しかし結果は極めて残念なものでした。ＡＩによって出力された顧客リストは、過去の受注金額が大きいか、企業規模が大きい会社を、ただ上から順番に並べたものと大差がなかったのです。何度か調整を加えても有益なリストを得ることはできませんでした。これならＡＩなど使わなくても、手動で数時間あれば並び替えができてしまいます。

さらに言うならば、このリストを使うくらいなら、架電担当者がＷｅｂサイトの閲覧履歴などを見て顧客の状況を想像し、どこに電話するかを選んだほうが商談につながります。ＡＩが出力した納得感のない顧客リストでは、架電担当者も電話をかけるモチベーションが上がりません。電話する必然性を見いだせない顧客リストが提示されれば、どのようにコールしようかと、ためらいが生じます。電話と電話の間に生じたわずかなためらいの時間によって、架電回数は伸び悩み、商談数の減少を招いたのです。

この失敗の原因は、やはりデータの不足です。過去の取引履歴を営業担当者がしっかりデータ入力していないため、企業名と受注金額くらいしか分からない顧客リストが散見されました。また営業担当者が接触した時と、偶然Ｗｅｂサイトを閲覧した時くらいしか顧客接点がないため、顧客の状況をリアルタイムに把握できるデータがありません。

少し専門的になりますが、ＡＩに学習させたのが単純な数字データだけだったことも精度が出ない原因でした。可能ならば、過去の取引履歴などの自然言語データも取り込むべきです。しかし単純な数字データよりも扱いが難しいため、実験段階では対象外としていました。せっかくＡＩを使うなら、できるだけ大きなデータを用いなければなりません。

このようなターゲティングの失敗例は、ＢｔｏＢに限らず、ＢｔｏＣでもよくあります。例えばＥＣサイトで、ＲＦＭ分析を行い、優先度の高い顧客にクーポンを付与するようなシーンです。ＲＦＭ分析とは、Ｒｅｃｅｎｃｙ（最近の購入日）、Ｆｒｅｑｕｅｎｃｙ（購入頻度）、Ｍｏｎｅｔａｒｙ（購入金額）の３つの指標で顧客をランク付けする有名な手法です。ＲＦＭ分析も、前述したＢｔｏＢ企業の事例と同じように、誰でも思いつく当たり前の結果に陥りがちです。例えば、「去年はたくさん買っていたが、今年は全然買っていない顧客にクーポンを送ろう」くらいの施策しか出てきません。データの量と質が不足した環境では、人間の経験論に勝るターゲティングは期待できないのです。

十年以上前、ある営業責任者が「コンピューターより、〝勘ピューター〟のほうが信頼できるんだよ」

とオヤジギャグを言い放っていました。確かに全社一丸となってデータ収集にコミットする気概がないなら、それはもう「データの活用」ではなく「勘ピューターの活用」を中期経営計画に載せたほうがマシかもしれません。

無理やり「カスタマイズメール」を送って無駄が増える

次に「一貫接客」ですが、過去に顧客接点があり、それを踏まえて「１ｔｏ１コミュニケーション」をしたほうが、ＬＴＶが向上するケースで用いられます。

しかし、失敗事例の多くは「１ｔｏ１コミュニケーション」が不要なケースで、無理やりに一貫接客を取り入れようとします。一番良く見かけるのは、メルマガを一斉送信しても問題ないのに、無理やりターゲット別にカスタマイズしたメールを送って、工数が肥大化するという失敗事例です。

「マーケティングオートメーション（ＭＡ）」というツールを導入すれば、顧客の属性や行動データに応じて、様々なメールを自動配信する設定ができます。「お客さま別に最適化したメールを送る」と言われれば、とても聞こえがいいので、浅はかな意思決定者ほど安易にGOサインを出しがちです。しかしこれは、工数と制作費用を空費する、無駄な施策の典型例なのです。

例えば、あるクレジットカード会社で、年齢を20～60代の５セグメント、性別を男女の２セグメント、地域を北から南まで５セグメントに切り、合計50種類のメールを作ったという事例がありました。つまり、これだけでも50種類のメールを作らなければならず、膨大な時間とコストを要します。しかしいざ配信してみると、メールの開封率・クリック率・申込率は、全員に同じメールを一斉配信したときと全く変わりませんでした。それもそのはずで、例えば30代・女性・関東在住の人を想像しようとしても、ユーザーの解像度が粗過ぎて、刺さるメールが思いつきません。50種類のメールは、ほとんど差のない、まるで間違い探しでもさせられているかのような、似たりよったりのメールになっていました。ここまでひどい事例はなかなかありませんが、顧客セグメントの細分化で成功することは非常にまれです。

もう少し「マシ」な失敗事例も紹介します。ある旅行会社で、MAツールを導入しました。その「ツールを使いこなせ」というミッションを与えられた担当者は、ツールに設定した条件の数を目標に、次々とメールの種類を増やしていきました。最初にたくさん追加したのは「メールマガジンで京都の特集を作ったら、過去に京都旅行を購入した人に、メールを送る」のように、あるエリアの購買履歴がある人に、そのエリアの特集記事を送るという施策でした。これならばエリアの数だけ条件を作れます。しかし残念なことに、このタイプの施策はほぼ全てが失敗に終わりました。なぜなら、わざわざ京都に行ったことがある人に絞って配信したにもかかわらず、一斉配信で全員に京都特集を送ったときと比べて、開封率・クリック率・申込率が全く変わらなかったためです。これならば、人数を絞らずに一斉配信したほうが大きな成果が得られます。誰に送っても同じような反応しかない無難なメールを、特定のユーザーに送っても効果がないという、典型的な失敗パターンです。

次にこの旅行会社の担当者が設定したのは、「過去に京都旅行を購入した人が、自らWebサイトに訪問して京都のページを見たら、後で京都の特集記事をメールする」という施策でした。前回の施策は一斉配信と差がなかったため、もっと申込確度の高いユーザーに絞るという条件を設定したのです。しかしこの施策も、一言で言えば失敗に終わりました。なぜなら、配信できる数があまりに少なかったためです。「過去に京都旅行を購入している人が、自らWebサイトを訪問して京都のページを見る」という条件で抽出される人は、月当たり数百人もいません。わずか数百人にメールを送っても、そこから旅行を申し込む確率が0・1％前後ですから、購入者は1人も出ないことがほとんどです。たとえ顧客データがたくさんあったとしても、条件を細かく絞り過ぎては配信ボリュームが出ないという、これもまた典型的な失敗パターンです。

　こうしたメールの事例と同じように、顧客に合わせてWebサイトに表示するコンテンツの並び順を自動で出し分けるような施策もあります。あるカードローンの会社では、広告の受け皿となるランディングページに出す情報を数十通り用意し、過去に閲覧した履歴に応じて出し分けていました。しかし残念なことに、全てのパターンを検証したものの、成果の差は全くありませんでした。カードローンの訴求は、大ざっぱに言えば「お金を素早く借りられる」ことに尽きるため、コンテンツを数十通り作ろうとしても大きな差が出ません。さらに閲覧履歴データだけでは、顧客の深いニーズを探ることが困難です。これもまた、わざわざ1to1コミュニケーションを取る必要がないケースです。カードローンに限らず、顧客に合わせてWebサイトを自動最適化するような施策で成果が出ることは非常にまれです。

　ここまでひたすら失敗事例をご紹介してきました。それでは1to1コミュニケーションの条件を設定すべきなのは、いったいどういう場合なのでしょうか？　接触できる人数を減らしてまでわざわざ条件を設定し、工数と制作費をかけてまで面倒なコンテンツを量産するのはなぜでしょうか？

わざわざ条件を分けるべきケースは「インセンティブを絞る」「遠過ぎるターゲットを分ける」「タイムリーに接触する」などです。「インセンティブを絞る」は、割引や特典を狙った人にだけ送ることで、コストのばらまきを避ける手法です。「遠過ぎるターゲットを分ける」は、180度異なるターゲットにメールを送らないようにすることで、メールの配信解除率を改善する手法です。「タイムリーに接触する」は、今まさに購入を検討しているユーザーを見抜くことで、最後に後押しする手法です。

こうした成果の出る施策は、いずれも狙いが明確であり、用いるべきデータも明確です。とりあえずたまったデータと、とりあえず導入したツールがあるからといって、無理やり1to1コミュニケーションを取ろうとする必要はないのです。

データを用いた「一貫接客」は、デジタル顧客接点による1to1コミュニケーションよりも、対人接客においてその真価を発揮します。例えば、既存顧客から電話がかかってきたら、瞬時に顧客データが表示され、契約内容や対応履歴を確認してスムーズに応対でき、さらに適切なアップセル方針まで提示されるといった使い方です。

顧客データベースが分かれていたら、これまでの対応履歴を確認するだけでも時間がかかってしまいます。ひどいケースでは、窓口が縦割りの複数組織に分かれており、お客さまがたらい回しにされてしまうこともあるでしょう。こんなときに、顧客の対応履歴が1カ所に整理されていれば、対応コストを削減でき、顧客満足度が向上し、アップセルの機会を逃さなくなります。

顧客データが一元化されていれば、生成ＡＩの活用によって、顧客対応を半自動化することもできるでしょう。入力が面倒な顧客対応履歴も、音声データで記録し、そこから文書化することで、これまでよりも容易に活用できるようになるはずです。

ここまで社内にたまったデータをかき集めて、ＬＴＶ向上に活用するという方法は失敗を招きやすいという話を展開してきました。

蛇足ですが、データ統合には他のメリットもあります。経営に必要なデータのスピーディーな取得、セキュリティーの強化、Ｃｏｏｋｉｅデータの欠損防止、サーバーやツールのコスト効率化などです。データの統合と活用の試み自体が「悪」だとは全く思っていません。しかし、曖昧な目的のまま、ゴミのようにたまっているデータを無理やり使おうとしても、何も得られないということを肝に銘じておかなくてはなりません。

1-4 自己満足の「ブランド感」は、LTVの毒にも薬にもならない

「ブランド」と「LTV」は切っても切れない関係にあります。ブランドを高める目的は、LTVを高めることにほかなりません。ブランディングは、LTV向上施策と同様に、長期視点の施策です。ブランディングへの投資は、あえて短期売り上げを追わず、長期売り上げを伸ばすことです。

企業のブランドを根幹から変えるような施策や、長く貫いてきたブランドを徹底して守るような施策は、LTVに貢献するものです。例えば、潰れかけていた老朽化施設が、リブランディングによってよみがえったというサクセスストーリーは、誰しも見たり聞いたりしたことがあるでしょう。

しかしここで語りたいのは、こうした本当にLTVに貢献するブランディングの話ではありません。言い訳がましく、都合の悪いことを隠すために発言される「ブランド感」は、LTVに全く影響がないという話です。

皆さんもマーケティング関連の仕事をしていれば、一度は聞いたことがあるはずです。

「それはブランド的に難しいです……」「ブランドを意識してこのデザインにしました！」「ブランディング施策なので数字が計測できていません」など、「ブランド」という言葉を使って何かをごまかそうと

する発言を聞いたことがありませんか？

拙著でも「ブランディングという隠れみの」というフレーズでこうした発言を糾弾しましたが、ブランドという言葉はその曖昧性ゆえに、しばしば言い訳の道具として使われるのです。

メールマガジンにデザインチームがダメ出し

デザイン性に優れた商品で知られる、ある生活雑貨メーカーの事例を紹介しましょう。この企業では、デザインチームが非常に強い権限を持っていました。創業期からデザイン性の高い商品を作ってきたことで、コアなファン層をつかんできたという自負があったからです。そのため、営業チームやマーケティングチームなど、他のチームが何か施策を打とうと思えば、必ず最後はデザインチームの承認を得なければならないというフローがありました。

これだけ聞けば、デザインを大切にしている企業で、培ってきたブランドを守ろうとしているのだなと好感すら持てるかもしれません。しかし、その内情を一言で表すなら「遅くて、何も進まない」という状況でした。デザインチームの口癖が、まさに「それはブランド的にＮＧです」だったのです。

例えば、この企業ではメールマガジンを送る際、毎回マーケティングチームが内容を企画した後、デザインチームがゼロベースから作り込むという体制で運用していました。当然ですが、ゼロベースでメールを作るのですから、最低でも１～２週間の工数を要します。しかもデザインへのこだわりは相当なものですから、気軽にメールマガジンを打とうなどと言い出すことはできません。デザインチームの「ブランド監査」がボトルネックになり、メールマガジンでＰＤＣＡを回すことができなくなっていたのです。

　しかし、メールマガジンで成果を出すための最大のドライバーは配信の「頻度」です。メールは「読まれるもの」ではなく、ごくまれに興味を持ったら脊髄反射的に開封してリンクを「押すもの」です。皆さんもメールマガジンを開封して「デザインがかっこいいなあ！」と思った経験などないでしょう？中身のデザインをじっくり見てもらえる時間はみじんもないため、こだわり尽くしたところで顧客には何も伝わらないのです。

　このケースで言えば、顧客に「ダサい」と思われない程度に、デザインチームがテンプレートを１回だけこだわって作り込むのが最適解です。後はデザインチームが関与せず、マーケティングチームだけで頻繁にテキストと画像を入れ替えて配信し、ＰＤＣＡを回せばよいのです。ＬＴＶに何も関係がないことにまで「ブランディング」という言葉が入り込み、企業活動を停滞させてはならないのです。

　一方でこの企業が、「商品」そのもののデザインにこだわりを持つのは、非常に有意義でした。顧客にアンケートやインタビューを取ると、そのメーカーの商品たる生活雑貨は、デザイン性が非常に高く評価されており、ＬＴＶにもしっかりと貢献していました。確かに商品のデザインにはこだわるべきです。しかし、デザインにこだわるべき部分と、そうでない部分とは明確に切り分けるべきです。デザインが必要なもの全てに、お金と時間をかけていてはキリがありません。顧客視点で見れば「メールマガジン」のデザインというのは、ＬＴＶに影響がないのです。

結婚式場サイトのデザインに強く〝反発〟するワケ

さて、このような「ブランド感」にまつわる失敗事例は枚挙にいとまがありません。わずかなデザイン変更でも、自分の好みを押し通すために「ブランド」という言葉を使って、企業の意思決定を遅らせる悪しき慣習が世の中にはびこっています。

Ｗｅｂサイトなどでも、同じことが起こります。例えば、結婚式場のＷｅｂサイトを見ていただければ、トップページの最上部には大きな画像や動画が表示されていることがほとんどだと思います。この画像や動画の上に「ブライダルフェア予約」「来場予約」「資料請求」などの「ＣＶ（コンバージョン）ボタン」を設置すると、来場者数が伸びることは数々の実験から証明されています。できるだけページの上部に目立つ形で置くのがポイントです。最近でこそ少し減りましたが、以前は結婚式場の担当者にこの施策を提案すると、十中八九言われたのが、「ブランディングの観点からＮＧ」です。その担当者に「あなたの考えるブランディングの定義とは何ですか？」と小一時間問い詰めたいところですが、これが現実です。

ちなみに言うまでもなく、ブランドへの悪影響はありません。顧客アンケートやインタビューを通じて、ＷｅｂサイトトップページのＣＶボタンがあることによって、ネガティブな印象を抱いたユーザーを、今まで一人も見たことがありません。それどころか、トップページから「来場予約」ボタンを探しても見つからず、Ｗｅｂサイトをさまよってしまうユーザーなら何度も見たことがあります。結

図表7　結婚式場サイトの勝ちパターンへの反発

結婚式場のサイトでは、トップページの最上部に大きなイメージ画像や動画のスペースがある。CV獲得に最適な場所だが、「ブランディング」という名目からボタンの設置には厳しい制限が付く。あえて勝ちパターンを逃していると言わざるを得ない

婚式場のようなローカルビジネスは、雑誌や比較サイト等であらかじめ目星を付けてから来訪するユーザーが多いため、Webサイトに来た後は、申し込みに直行するユーザーが少なくないのです。

結婚式場のようにデザインが重要なビジネスにおいても、ユーザーがWebサイトそのもののデザインを気にすることはほとんどありません。ユーザーが見たいのは、その式場の「写真」であり、サービス内容を記した「テキスト」です。それ以外の、見出し要素のあしらい、ヘッダ・フッタの色や形、CVボタンの場所や形状などは、一切興味がないのです。そんな話を気にするのは、Web制作会社と、その式場のWeb担当者くらいのものです。結婚式場に植えてある植物が、シマトネリコなのか、ゴールドクレストなのかを気にするのは、植木業者か、趣味がガーデニングの人か、熱

狂的にボタニカルウェディングをしたい人くらいなのと同じです。

さらにダメ押しをすると、Webサイトのデザインだけを刷新しても、成果には一切影響がありません。過去に当社でリサーチしたところ、デザインだけリニューアルした場合、成果が出たのは3割に過ぎず、逆に成果が落ちたものが7割もありました。Webサイトリニューアルの成果には様々な要因が絡みますが、デザインだけ新しくしたからといって、LTV向上にはつながらないというエビデンスとしては十分ではないでしょうか。

「ブランド」という言葉で失敗をうやむやにしてはならない

ここまでは、自分の好みのデザインを通すために「ブランド」という言葉を出してしまう失敗事例を中心に紹介してきました。他にも「ブランド」という言葉は、成果が曖昧だった施策をうやむやにするときにも使われるため、注意が必要です。

例えば、前述した「自社メディア」では、よく「ブランディング」狙いだったという言い訳が用いられます。記事をたくさん執筆したにもかかわらず、訪問者は一向に増えず、売り上げ貢献も見えない状況で、担当者から苦し紛れに出てくる言葉が「ブランディング」です。記事を目的に訪れている人なんて、ほとんどいないにもかかわらず、それでも「少数のファンが訪れていて、その人から波及効果があります」などと厚顔無恥な発言すらしかねません。

「ブランド」という言葉で、全てをうやむやにすることは絶対に避けなければなりません。どんなに中長期向けの施策であろうと、しっかり効果検証することが可能です。具体的な手法は後述しますが、ブランディング施策だろうが何だろうが「絶対に白黒付けないと許さない」というスタンスこそが、何より必要だと私は考えています。

こうした効果検証の積み重ねによって、顧客理解が深まります。本当に守らなければならないブランドのコアな部分が何なのかが見えてきます。逆に、顧客側は一切気にしていない要素も明らかになります。企業活動であれば、好みや直感で仕事をするのではなく、事実に基づいてＬＴＶに貢献する投資を優先しなければなりません。

1-5 「部署」や「商品」で閉じたLTV向上は難しい

第1章では、ＬＴＶ向上の失敗事例を紹介してきました。この章の最後に解説するのは、「部署」や「商品」に閉じてＬＴＶを向上しようとして失敗するパターンです。

企業において組織が複数に分かれている以上、組織をまたいで1人の顧客に対してＬＴＶを向上させようとするのはかなり難しいはずです。しかし当たり前の話ですが、せっかく複数の商品を持っているなら、1人の顧客に対して複数回の接点を持ち得るため、ＬＴＶ向上の可能性は広がります。

他事業部の顧客の半数が、自分の事業部の潜在顧客だった？

ある部品メーカーの事例を紹介します。そのメーカーは、商品カテゴリーが異なる複数の事業部が存在しました。事業部の中には、もともと別の会社だったチームもあります。こうした経緯もあり、事業部同士の連携はほとんどなく、完全に縦割りという状況が続いていました。

当然、営業担当者もそれぞれの事業部に別々に在籍しています。販売代理店も、それぞれの事業部の製品を、別々の担当者が取り扱っています。顧客リストだけは全社で管理するようになりましたが、それでも基本的には自社の顧客にしか連絡しないという運用ルールになっていました。

こうした背景から、各事業部のWebサイトも別々になっていました。そのため、ある日、複数事業部のWebサイトを統合するという目的で、Webサイトのリニューアルプロジェクトがスタートしたのです。最初は別々のものを1つにしようというだけの企画だったのですが、せっかくなので事業部を横断するカスタマージャーニーまで把握すべきだという話になり、大規模な顧客調査を実施しました。

顧客調査で分かったことは、1人の顧客が複数の事業部から商品を買う可能性があるにもかかわらず、単一の事業部からしか提案できていないということでした。顧客であるエンジニアは、様々な部品を購入します。売れる商品が多数あっても、営業担当は自分の事業部の商品しか提案できていませんでした。顧客からすれば事業部が分かれているかどうかに関心はありませんし、提案されれば購入する可能性は十分あるでしょう。

こうした本来なら他事業部の商品を買う可能性がある顧客は、全体の半数以上を占めていました。社内で事業部間の連携はしていないため、当然、今までクロスセルしようといった発想などありません。しかし他事業部の顧客の半数が、自分の事業部にとっての潜在顧客だったという事実は衝撃的です。なぜなら、この潜在顧客には一切手を付けずに、わざわざお金をかけた「広告」で新規顧客を取ろうとしていたのですから。なんという非効率でしょう。

薄利の「エナジードリンク」を入り口にアップセルを仕掛ける

商材やサービスによって、顧客との接点の持ち方は異なります。そのため、複数商材をフル活用すれば、適材適所でカスタマージャーニーに合わせていくことができます。

例えば、あるＢｔｏＣの医薬品メーカーの場合、最も多くの人に売れているのは、誰もが知っている「エナジードリンク」でした。しかしこのエナジードリンク単体は薄利多売で、ビジネスとしてそれほどうまみのあるものではありません。ただしこの商品は圧倒的な認知率を誇るため、この商材をエントリー商材としつつ、他に売りたい商品をアップセルするという戦略が描けます。

企業によっては、単一の商品カテゴリーしか持たないケースもあります。例えば、家具しか生産していないメーカーであれば、生涯に数回しか購入してもらえません。しかし、こうしたケースでも、家具より前に購入してもらえる安価なインテリアや、家具購入後にアップセルできる生活雑貨など、商材の幅を広げて考えることで、ターゲットのカスタマージャーニーに入っていくことができるのです。

既に複数の商品を取り扱っている企業であれば、それを生かさない手はありません。複数の事業部門をまたぐ調整が困難を極めることは重々承知しています。しかしそれでも、ＬＴＶを向上するために、避けては通れない道の１つなのです。

本章のまとめ

- ＬＴＶ向上の成功とは、中長期での売り上げや利益が伸びること。しかし検証に時間がかかるため、短期のＬＴＶ向上や、カスタマージャーニー上のボトルネック解消を成功と捉えよ。
- ＬＴＶの成功事例は少ない。探してみても、サブスクビジネスのＴＩＰＳや、ツールの宣伝がほとんどで、ＬＴＶを伸ばした事例は見つからない。
- ＬＴＶを伸ばす目的で始まる、顧客の「囲い込み」施策は、顧客にとってのメリットが少ないため、利用されずに終わることが多い。失敗しやすい典型的な囲い込み施策は、「会員プログラム」「会員アプリ」「サブスク」「メディア」である。

- 偶然社内にたまったデータを統合しても、ＬＴＶは伸ばせない。必要な顧客データを狙って集めなければ、高度な分析は不可能。さらに顧客データで実現できる１ｔｏ１コミュニケーションの大半は不必要であり、成果につながらない。
- 「ブランディング」は、本来ＬＴＶに貢献する。しかしＬＴＶに影響しない要素にまで「ブランド」という言葉が入り込み、成果が出ない施策への言い訳や、企業活動を停滞させる過剰なチェックが横行する。ブランドも数字で白黒付けなければならない。
- 複数の商品があれば、１人の顧客に対して複数回の接点を持ち得るため、ＬＴＶを向上させやすい。しかし各商品を扱う事業部門を横断した社内調整は難しいため、機会損失が生まれている。

第 2 章

「MAST」に潜む罠

LTVを損ねる4つのボトルネック

2-1 ＬＴＶを向上させるフレームワークの必要性と利用シーン

第1章では、ＬＴＶに関連する失敗事例を説明してきました。紹介した「囲い込み」「データドリブン」「ブランド感」「組織／商品の壁」の4パターンについて、失敗事例の全てに共通しているのが「顧客理解の欠如」です。顧客不在で、施策や組織が先行しています。いずれの事例も、顧客調査などによってカスタマージャーニーをしっかりと把握していれば、失敗を回避できるものばかりです。

顧客側に主導権のあるカスタマージャーニーを、企業側が操作するのは極めて困難です。企業にできることは、顧客視点での障害を突き止めて、顧客にもメリットのある形でカスタマージャーニーを微修正する「ボトルネック解消」だけなのです。

ＬＴＶを損ねるボトルネックは、正しい方法で顧客を調査すれば、誰にでも発見可能です。ただいきなり「調査しておいてください」と言われても、なかなか腰が重たいでしょう。私は「顧客調査なんて簡単ですから、気軽にやってみてください」と何度も勧めてきましたが、自発的に実行してくれた人はほんの一握りでした。

本書では顧客調査の実践方法も解説しますが、まずはもっと手軽にLTVのボトルネックを発見するためのフレームワークと事例を紹介していきます。こうした手軽な知見を紹介する中で、少しでもLTVのボトルネックやカスタマージャーニーに興味を持っていただき、最終的に自社で顧客調査まで実践してくれる人が増えることを祈っています。

まずLTVのボトルネックを発見するためのフレームワークを紹介するに当たって、世の中に存在する他のフレームワークにも目を向けてみましょう。

驚くことにLTVの向上自体を目的とした、有名なフレームワークは存在しません。もちろんマーケティング全体のフレームワークとして、STP（Segmentation、Targeting、Positioning）や4P（Product・製品、Price・価格、Place・流通、Promotion・販促）は有名ですが、これらはLTVを伸ばすことに特化したものではありません。

第1章で紹介したRFM分析など、一部のデータ分析手法はLTV向上を目的としています。この手法により中長期にわたって顧客の購買行動を追い、分析することができます。ただやはり、単純なデータのみから導出される分析結果では、人間の経験論に勝てないのが実情です。

ではAIDMAやAISASはどうでしょう？　この2つは、顧客の購買プロセスの頭文字を取ったフレームワークで、カスタマージャーニーの把握に近いように感じます。AIDMAは、Attention（認知・注意）→Interest（興味・関心）→Desire（欲求・渇望）→Memory（記憶）→Action

（行動）の頭文字を取ったもので、消費者が購買に至るまでのプロセスを表しています。一方のＡＩＳＡＳは、Ａｔｔｅｎｔｉｏｎ（認知・注意）↓Ｉｎｔｅｒｅｓｔ（興味・関心）↓Ｓｅａｒｃｈ（検索）↓Ａｃｔｉｏｎ（行動）↓Ｓｈａｒｅ（情報共有）の頭文字を取っており、ＡＩＤＭＡをベースにデジタル時代の顧客行動を反映したものです。

しかしこの２つはいずれも、知ってから１回購入するまでの、単発の購買行動をプロセス化しているだけで、企業と顧客が生涯の関係を築いていくようなカスタマージャーニーを表現できていません。それゆえ、ＬＴＶ向上を目的としたフレームワークとしては不十分です。

以上の通り、ＬＴＶというつかみどころのない代物に向き合うに当たって、現状は何一つ有用なフレームワークが存在していないのです。

ＬＴＶと向き合うのに適したフレームワーク「ＭＡＳＴ」

それではどのようなフレームワークがあれば、ＬＴＶと向き合いやすくなるのでしょうか？

私が最初に思い当たったのは、カスタマージャーニーの類型化でした。顧客調査を重ねるたびに、似たようなパターンが発見できるので、これを数パターンにまとめられないかと検討しました。まさにＡＩＤＭＡと似たようなフレームワークを目指したのです。

残念ながら、このアプローチは挫折に終わりました。確かに似たような業界であれば、大枠では同じようなカスタマージャーニーになります。しかし完全に同業でもない限りは、クリティカルな部分での差異が出てきます。何よりも、それぞれの企業が抱えているボトルネックが異なるため、何となくカスタマージャーニーっぽいフレームワークに落とせたとしても、改善アクションにはつながりません。

例えば、光回線の業界では「速さを売りにする企業」と「安さを売りにする企業」とで、カスタマージャーニーが異なります。「速さを売りにする企業」は、マス広告や口コミを通じて認知され、サービス名の検索から自社サイトで申し込むユーザーが多い。一方で「安さを売りにする企業」は、比較サイトでのキャンペーン勝負を通じて認知され、多くのユーザーが比較サイトからそのまま申し込みます。同じ業界内でも、ターゲットやポジショニングによって、主要なカスタマージャーニーが変わってしまうのです。

さらに言えば、私自身、不用意にカスタマージャーニーをパターン化すべきではないという結論にまで至りました。顧客理解が不十分な状態で、顧客を分かった気になるのは非常に危険です。どれだけ昇進して役職が高くなった人でも、リアルな顧客がどのようなカスタマージャーニーになっているのか、即答できるようでなければ困ります。

そこで私は、アクションにつながりやすい実践的なフレームワークを目指して、LTVのボトルネックを類型化することにしました。これまで発見したボトルネックを抽象化して分類したのです。これらのボトルネックは全て顧客調査に基づき、LTVに影響を与えることが証明されたものです。

図表8　MAST

LTVのボトルネックは、大きく4つに分類できます。世の中には、この4つに当てはまらない、まだ見ぬボトルネックがあるかもしれません。しかしLTVに向き合う上で、フレームワークを何も持たない素手の状態よりは、何かしらフレームワークを持っているほうが、確実にましな状態だと思います。

このLTVを損ねるボトルネックを類型化し、解消するためのフレームワークを「MAST（マスト）」と名付けました。LTV向上を妨げるボトルネックが発生しやすい「Meet（出会う）」「Attract（引き付ける）」「Sense（検知する）」「Trade（商売する）」の4つのアクションから頭文字を取りました。

AIDMAなどが顧客側の行動から頭文字を取っているのに対して、MASTは企業側の行動から頭文字を取っています。あくまで改善アクションにつなげてほしいという思いから、あえて企業視点のフレームワークにしました。しかしＭＡＳＴを考えるためには、必然的に顧客視点にならなければならないようにできています。本書の冒頭でお伝えした通り、ＬＴＶは企業と顧客の両視点で、生涯価値を高めていかなければなりません。

またＭＡＳＴには、ＡＩＤＭＡのような順序はありません。一見「Meet（出会う）」が最初で、「Trade（商売する）」が最後のように思うかもしれません。しかしＬＴＶは、生涯にわたる、企業と顧客間の価値向上の営みです。分かりやすいアクションの順番は存在せず、順不同にかつ何度も繰り返し行われるものだと捉えています。

さらにＭＡＳＴはボトルネックの分類なので、ＡＩＤＭＡのように全てに対応する必要はありません。ＭＡＳＴを使って洗い出したボトルネックのうち、特に問題になっている部分だけ改善すればよいのです。

MASTは会社や事業単位で使用。使いこなしは簡単

この章ではＭＡＳＴの４つのアクションを、それぞれ簡単に解説します。詳細については、続く章で個別に具体例を交えて説明します。

ＭＡＳＴの使い方は簡単です。まずは本書を順番に読みながら、自社でも同じようなボトルネックが発生していないか振り返ってみてください。ただし３～６章は具体例も多いため、自社にそのまま当て

はめられないケースもあると思います。そのため、少しでも不安を感じたなら、その不安をボトルネックの仮説として、顧客調査にかけて検証してみてください。

慣れてくれば、ＭＡＳＴをマーケティング活動の抜けや漏れのチェックに使ってみてください。この４つのアクションを思い出すことで、施策の精度を高めることができるでしょう。

さらにＭＡＳＴは会社や事業単位で使ってください。施策単位では使用できません。カスタマージャーニーのボトルネックなのですから、特定の顧客接点についてだけ用いると弊害が生じます。例えば、自社ＷｅｂサイトのＭＡＳＴのような使い方はＮＧです。自社Ｗｅｂサイトはカスタマージャーニーにおける顧客接点の１つに過ぎないからです。

自社Ｗｅｂサイトの改善だけを検討している場合でも、必ずその前後の顧客接点を把握してください。例えば、直前に競合のサイトや比較サイトを見ているなら、その文脈の中で自社Ｗｅｂサイトを訪れていることを理解しなければなりません。さらに、それ以前にＷｅｂサイトで情報収集しようと思うに至った背景まで遡ることで、正しくボトルネックを特定できます。

本書に登場するボトルネックの例は、当社がＬＴＶ向上を目的としたコンサルティングの中で実施した顧客調査の結果です。顧客調査には大きく2種類があります。

一つは定量アンケートです。このアンケートでは、顧客接点の種類とＬＴＶに影響する指標の２つを取得しています。ＬＴＶに影響する指標が高水準のユーザーを「ロイヤルティーの高い顧客」とします。

このロイヤルティーの高い顧客の割合が大きい顧客接点を、ＬＴＶに影響する顧客接点として洗い出します。さらに顧客接点別にユーザー数の大小を把握し、主要なカスタマージャーニーの動線を明らかにしています。

もう一つは定性インタビューです。定量アンケートでは分からない、カスタマージャーニーの順番や行動の理由を深掘りしていきます。非対面コミュニケーションである、自社Ｗｅｂサイト、アプリ、紙、テレビＣＭなどを検証するときは、「行動観察」と呼ばれる手法によって、リアルな状況設定で実際に操作してもらいます。この調査では、特にボトルネックになっている箇所とその理由を深掘りします。

これら２つの調査を組み合わせて、長期にわたるカスタマージャーニーと、ＬＴＶを損ねるボトルネックを特定しています。様々な具体例が出てきますが、それらはその企業・商品にとって、クリティカルなボトルネックだったものです。

上記のアンケートなどの手法は、後半で具体的に説明します。まずは続く３～６章で、ボトルネックとは具体的にどのようなものなのかというイメージをつかんでください。

2-2 Meet（出会う）認識までの障壁が高過ぎる

最初に解説するボトルネックは「Ｍｅｅｔ（出会う）」です。ここで言う「出会う」の定義は、ただ単に「初めて会う」ということではなく、「初めて認識される」ということです。

例えば、アイドルのファンが握手会を訪れ、アイドルと数十秒間話し、満足して帰路についたとします。このとき、アイドルがそのファンのことを覚えていなければ、それは「認識されていない」ため、本書でいうところの「出会い」ではないということです。

ややこしい定義のように聞こえるかもしれませんが、カスタマージャーニーにおいて、このアイドルとファンのような関係はよく起こります。実際には１度や２度購入していたり、見たり聞いたりしたことがあるのに、認識はされていないという状態です。試しに身の回りにある、あなたが使っている商品を見てみてください。中にはこだわりを持って選んだ商品で、メーカー名や商品名、見た目の雰囲気まで覚えているものもあるでしょう。その傍らで、確かに使ってはいるけれども、メーカー名、商品名、見た目、のいずれかまたは全てを認識していない商品があるはずです。

私は机の上に置いてあるもので、「商品名」を認識しているものは１つもありませんでした。メーカー名を認識しているのは、アンカーのオーディオ機器、野鳥の鳴き声に気付いたら使うニコンの双眼鏡、マイクロソフトのマウス、何となく使い続けているアップルのｉＰｈｏｎｅくらいです。メーカー名は知りませんが、コーヒーの手動ミル、コーヒーカップ、ガスコンロなどは、見覚えがあります。その他にも、ウエットティッシュ、コーヒーのフィルター、炭酸水などは、見覚えすらありませんでした。

もちろん単価や嗜好性の高い商品は、相対的に認識されやすくなります。しかしここで認識されているかどうかで、ＬＴＶが変わるのは疑う余地もないでしょう。

どんな商材が認識してもらいにくいのか

「Ｍｅｅｔ（出会う）」は一見、カスタマージャーニー上、ＭＡＳＴの中で最初に発生するボトルネックだと思われるかもしれません。しかし前述の通り、購入しているからといって、必ずしも認識されているわけではありません。どれだけ顧客から魅力的だと思われていても、どれだけ顧客の状況を把握できていても、どれだけ頻繁に購入されていても、世の中には認識されていない商品というものがあります。

認識されていなくてもＬＴＶが高ければ問題ないこともあります。しかしカスタマージャーニー上、この「認識される」という状態がなければ致命的にＬＴＶが損なわれる商材があることも事実です。

それでは「初めて認識してもらう」がボトルネックになるのは、どういう場合なのでしょうか？

まず、単価の高い商材では、Ｍｅｅｔがボトルネックになりがちです。売買頻度が低いため、認識される機会に恵まれません。めったに買われない商品を売り込むために、顧客がいざ買おうと思った瞬間を狙って、偶然目にとまるかとまらないかの大ばくちに出るのはあまりにリスキーでしょう。本当は購入よりも手前で「認識してもらう」必要があるのです。

次に、単価が高くなくても、企業のあずかり知らぬところで、検討が終わってしまう商材では、Ｍｅｅｔがボトルネックになります。比較サイトなど、外部の情報によって購入が決まってしまう商材では、カスタマージャーニーの「隙間」を狙って、自社をアピールしなければなりません。逆に言えば「隙間」以外のチャンスは少ないため、余計な投資を避けることにも気を配るべきです。

最後に、前述のように購入したり、使われたりしているにもかかわらず、認識されづらい商材です。このケースでは、リピート購入を促すことが難しく、単発のお付き合いで終了してしまいます。ＬＴＶ向上のためには最低限の認識を得る必要があるのです。

Ｍｅｅｔのボトルネックは、４種類のボトルネックの中で最も解消するのが困難です。とにかくこのボトルネックの解消のためだけに、昭和のメーカーは莫大な広告費を投じて、ひたすらテレビＣＭを打っていたわけですから。カスタマージャーニー上で、うまく認識してもらえるポイントを見つけ出せれば、マス広告よりもはるかに高いコストパフォーマンスで、顧客と「出会う」ことができます。例えば、比較サイトから抜け出すタイミングを狙って認識させるような手法です。

Ｍｅｅｔのボトルネック解消には、丁寧なカスタマージャーニーの把握が不可欠です。

2-3 Attract（引き付ける）顧客に魅力が伝わらない

２つ目に解説するボトルネックは「Ａｔｔｒａｃｔ（引き付ける）」です。「顧客を引き付ける」という響きから、とてつもなく魅力的な商品を作るか、サプライズ感満載のおもてなしをするか、そんな大変なことをしなければならないのではというイメージを持たれる方もいるでしょう。

しかしここで取り上げるテーマは、もっと低カロリーで、簡単に解消できるボトルネックです。端的に言うなら、既に備わっている魅力の大半は顧客に伝わっていないため、それを正しく伝えるべきだという提言です。企業が自社商品の魅力を磨くのは当然の営みですが、ここでは磨かれた魅力をいかに届けるかに注力します。

そんな簡単なことで、ＬＴＶが向上するわけがないと思う方もいるかもしれません。そんな方にこそ、Ａｔｔｒａｃｔのボトルネックを理解して実践していただきたいと思います。

シンプルな機能のアプリを、なぜ顧客は使いこなせないのか

ここで一つ事例を紹介します。あるコンビニエンスストアのアプリ改善の支援で入ったプロジェクトでした。そのアプリの主な機能は、クーポンの発行、ポイントの獲得、キャンペーンの応募だけでした。これだけ聞けば非常にシンプルな機能ですが、クライアントいわく「大半の顧客はこのアプリを全く使いこなせていない」とのことです。

このアプリは、まず「インストール」した後、「会員登録」をしなければ、大半の機能が使えません。割引率の高いクーポンも使えませんし、ポイントをためることもできません。それにもかかわらず、アプリをインストールしたユーザーの半数近くは、会員登録せずにそのままアプリを使っているというのです。ほとんどの機能が使えない状態の、ほぼ〝無価値なアプリ〟を、インストールしたままの状態にしているのです。

さらに言えば、会員登録まで到達できた選ばれしユーザーも、その先でつまずいていました。このアプリでポイントをためるには、店内のレジでこのアプリの画面を提示しなければなりません。レジに並んで、会計して、そのときにアプリの画面を提示するだけです。それだけのことにもかかわらず、レジでこのアプリを提示する人は本当にごくわずかだというのです。

これほどシンプルなアプリにもかかわらず、なぜ顧客は使いこなせないのでしょうか？　日本人の学力低下はずっと叫ばれていますが、日本人はこんなに簡単なアプリを使いこなす能力すらも失ってしまっ

たのでしょうか？　いや、そんなことは絶対ないはずです。

　このアプリは、インストールしただけでも、最低限のクーポンが提供されます。本当にわずかな割引ですが、大半のユーザーはそれだけを使って満足しているのです。もっとお得なクーポンがあることも、ポイントがたまることも知らないのです。私が顧客インタビューで、これらのお得な機能を紹介したところ、皆目を丸くして「今まで気付きませんでした。明日から使います」と驚いていました。

　会員登録まで到達した顧客が、レジでアプリの画面を提示しない理由も分かりました。他に人が並んでいるレジで、少しでもモタモタしたくないのです。日本人は周りの目を気にします。レジでモタモタして、後ろの人を待たせることを極端に嫌います。アプリを提示するなら一瞬で済ませたいものですが、クーポンの割引と、ポイントの獲得は別画面でした。複数のクーポンを同時に使うようなことがあれば、さらに時間を要します。これがレジでアプリを提示しない一番の理由でした。

　しかし、実はこのアプリには「複数のクーポン」と「ポイント獲得」を、同時にレジで提示できる画面がありました。こちらも私がインタビューで、「全てを同時に出せる画面があるんですよ。ご存じでしたか？」と紹介すると、「明日から絶対使います。何でこんなに便利な機能を隠しているんですか？　訳が分かりません……」と言うのです。

　大前提として、アプリをはじめとする非対面の顧客接点は「セルフサービスチャネル」です。顧客が自らの意志で、好きなように使う媒体です。営業担当やカスタマーサポートが、対面で手取り足取り説明するのとは訳が違います。顧客は自分の持ち得る視野で、自分が気になる部分しか見ません。企業側がどれだけ見せたいと思っている情報でも、顧客側が興味を持たなければスルーされます。企業の担当者は、自社のサービスについて知り過ぎているため、顧客側にも「さすがにこれくらいは理解しているだろう」と、過剰な理解度を期待しがちです。しかしそれは妄想に過ぎません。

この事例のように、非常にシンプルで、かつ顧客にとってメリットしかない機能であっても、顧客はなかなか理解してくれません。顧客のＩＴリテラシーも、学力も、ロイヤルティーも何も関係ありません。人類とは、自分の視野で、自分の興味があるものしか見ない生き物なのです。それゆえ、企業側が「魅力を伝えること」は、大変難しいことなのです。

おもてなしも企業視点では魅力がない

それでは「顧客に魅力が伝わらない」がボトルネックになるのはどういうときなのでしょうか？

まず、前述の通り「非対面」のコミュニケーションが中心となるケースです。デジタル、紙、マスなど、インタラクティブに商材の特徴などを説明できない顧客接点は「セルフサービスチャネル」ゆえに、大半のことが伝わっていないという前提に立たなければなりません。場合によっては、対面のコミュニケーションに切り替える必要性もあるでしょう。

次に、「対面」でコミュニケーションしたとしても、接客方法が企業視点では、全くと言っていいほど魅力が伝わりません。プロとしての振る舞いが、かえってそっけなく感じることすらあります。企業視点での常識を疑い、顧客の視点に寄り添ってコミュニケーションしなければなりません。

最後に、顧客に伝わったとしても刺さらない「過剰品質の魅力もどき」についても言及します。顧客が魅力に感じず、LTVにも貢献しないような過剰品質の体験があるなら、一刻も早くやめるべきでしょう。

Attractのボトルネックは、解消が容易です。非対面で分かりやすく伝える、対面に切り替えて丁寧に説明するなど、アクションにつなげやすいケースが多いでしょう。

比較サイトに掲載されているような、自社の商材がワンオブゼムに過ぎない場合は、Sense（検知する）との組み合わせで、顧客が興味を持ったタイミングを攻めます。何度も何度も繰り返して説明するという地道な作戦も有効です。

過剰な接客があるなら、即刻やめることを推奨します。やめるために社内外を説得する材料が必要なら、それを「証明」するデータを取得するため、顧客調査を実施します。

2-4 Sense（検知する）接点不足で顧客状況が分からない

３つ目に解説するボトルネックは「Sense（検知する）」です。「センス」といわれたら、第六感や第七感を覚醒させなければならないのでは……と思われる方もいるでしょう。ご安心ください、そのセンスではありません。端的に言えば、顧客の状況を日常的に把握し、ニーズの発生を検知することを指します。ニーズは「Trade（商売する）」のタイミングを見逃さないのが一番重要ですが、Ａｔｔｒａｃｔのタイミングを発見するのでもいいでしょう。

古くはテレビアニメの『サザエさん』に登場する三河屋のサブちゃん（三郎さん）もＳｅｎｓｅの達人です。一軒家の裏口から自由に出入りすることを許され、家族の事情に精通し、必要なタイミングで商品を売ってしまうのですから。

現代のＳｅｎｓｅは、データを使った手法が主流です。顧客の個人情報と、Ｃｏｏｋｉｅ情報（1st Party）などをひも付けて、生涯にわたり顧客の状況を把握し続けます。ただし顧客の日常を正しく把握し続けるためには、顧客との接点を増やす努力が不可欠です。第１章でもお伝えしましたが、何もせずに偶然たまったデータから、顧客の日常をうかがい知れるようなケースはほとんどありません。

顧客の行動さえ変えてしまうキーエンスのSense

Senseにたけた企業として最初に思い浮かぶのはキーエンスです。同社を私がコンサルティングで支援したことは一度もありません。しかし他社の顧客調査では必ず名前が挙がってきますし、Webサイトを見ても参考になる部分がたくさんあります。

キーエンスの顧客の中には、受託で工場機械をつくる人たちがいます。大手企業の工場からラインに必要な機械を都度依頼されてつくる、中小企業や町工場の職人たちです。大手企業から無理難題が降ってくるたびに、頭を悩ませながら、カスタマイズした工場用機械をつくります。

工場用の機械をつくるには、しばしば今まで使ったことのない仕様の部品が必要になります。例えば、センサーなら「布でできた素材を上から圧迫して、ある箇所の厚みが5センチになったら機械の動作を止めたい」といった要件を満たす部品を探すのです。こうしたセンサー部品を探すとき、職人たちはどうするか？　検索エンジンで探すのでしょうか？　知り合いのメーカーに問い合わせるのでしょうか？　そういう職人もいますが、キーエンスと普段から取引している職人は少し変わった行動を取ります。

正解は「キーエンスのWebサイトを開いて、ただ待つ」です。顧客インタビューに答えていただいた町工場の職人いわく「あの人たち（キーエンスの営業）は、Webサイトを開いていたら、すぐに電話をかけてくるんです。だから困ったことがあればWebサイトを開いて待つんですよ。連絡が欲しければ、それっぽい商品のカタログをダウンロードすれば確実ですね」とのことです。

私は「Webサイトを開いただけで営業電話がかかってくるのって、少し怖くないですか？」と質問しました。質問された職人たちは「いやぁ、最初はかなり怖かったんですけど、もう慣れちゃいましたね。それにあの人たち（キーエンスの営業）は、いくら断っても嫌な顔一つしないし、メンタルが強いんですよ。なのでこちらもお構いなしにいらないときはいらないって言えますし、全く問題ないんです」と言うのです。一番驚いたのは、企業側の卓越したSense活動が、顧客に受け入れられているのみならず、顧客の行動さえも変えてしまっていたことです。Senseで目指すのは、ここまでのレベルではなくても、顧客のニーズを検知できる運用体制を構築することです。

Senseをやり切るためには、顧客の解像度を高めよ

キーエンスの事例を出したのは「Webサイトに来た人にひたすら電話しろ」ということを言いたかったわけではありません。キーエンスの場合、提供する商品の強み、提案力の高さ、営業担当のパーソナリティーなどに価値があるため、「少し怖い」と言われつつも顧客に受け入れられているのです。企業側の押し付けだけでは、本当にただのストーカーになってしまいます。

Senseは方向性を間違えると大失敗します。なぜなら第1章で失敗事例として紹介した「囲い込み」と「データドリブン」に陥る可能性があるためです。顧客データをやみくもに集めるために、誰も求めていない会員プログラムやメディアを作り出しかねません。社内にたまったデータをこねくりまわし、

Senseのまね事をやりかねないのです。

Senseをやり切るためには、顧客の解像度を高めなければなりません。

まず、「何を検知したいのか」を明らかにします。何から何まで顧客の日常を知りたいと思っても限界がありますし、99%は必要のない情報でしょう。三河屋のサブちゃんは「カツオが最近、盆栽を割ってしまった」という情報まで知っていますが、本当に知りたいのは「しょうゆを切らしつつある」という情報です。検知したいデータから逆算してSenseの運用体制を構想しなければなりません。

次に、「顧客側のニーズ」を明らかにします。三河屋のサブちゃんが「しょうゆは切れているか？」という話しかしなくなったら、サザエさんは愛想を尽かしてスーパーでしょうゆを買ってくるでしょう。磯野家にとってのサブちゃんの価値は、「世間話に付き合ってくれる」「どうでもいい愚痴を聞いてくれる」などです。「重たいしょうゆを持ってきてくれる」などもサブちゃんの価値ですが、それだけでは安価なスーパーに負けてしまいます。顧客の日常からデータを検知するには、日常に入り込む必要があります。そのためには、顧客が求めていることを知らなければなりません。こうした体制をつくり上げるまでには、顧客の個人情報がない、ニーズを検知できるデータがない、顧客との接点が少な過ぎてデータが取れない、データを取得しても営業できていない、など様々なボトルネックがあります。

Senseのボトルネックを解消するためには、他のボトルネック同様に顧客理解が不可欠です。顧客理解が足りなければ、企業側の独り相撲で「妄想の囲い込み」施策が爆発的な勢いで誕生します。

2-5 Ｔｒａｄｅ（商売する）遠慮し過ぎてチャンスを逃す

最後、４つ目に解説するボトルネックは「Ｔｒａｄｅ（商売する）」です。企業は遠慮し過ぎて、営業機会を逃しています。端的に言えば、もっと「売れ」というのがＴｒａｄｅのボトルネックのポイントです。しかし「売り込みは卑しい行為で、営業は嫌われ者である」というような誤ったイメージを持っている人が少なからずいます。ここでもきちんと顧客の声に耳を傾けると、意外なほどに顧客は営業を期待し、静かに待っていることがよく分かります。

顧客は家族を保険会社に紹介するのが本当に嫌なのか？

ある生命保険会社の例を紹介します。私がコンサルティングで支援に入り、３年目に入ろうとしている案件です。

保険会社は、営業がしつこい業界トップ３に入るのではないでしょうか。しつこく電話された経験をお持ちの方も少なくないはずです。そんな保険会社でも、実は「営業が不足」していたという事例を紹介します。

生命保険会社がＬＴＶを伸ばすためには、家族内での契約を促進することが欠かせません。生命保険は、１人で入れる数に限界があります。死亡保険、医療保険、がん保険などに入ってしまえば、もうそれ以上のアップセルが難しくなってきます。そのため、配偶者、子供、孫などに幅広く営業をかけて、家庭内でのＬＴＶを高めていきます。

しかしこの「家庭内紹介」を嫌がる営業担当者が意外に多いのです。少し想像してほしいのですが、あなたが保険を売っている営業担当だとして、過去に自分を信用して契約してくれたお客さんに、数年ぶりに電話をかけて「あのぉ、（売り上げが足りないので）ご家族を紹介してくれませんか。お子さんでもお孫さんでも大丈夫です……」と切り出すのは、まあまあ気が引けるのではないでしょうか。営業に強い保険業界ですが、販売代理店の営業担当も普通の人間です。「家庭内紹介」の架電はできればしたくないことであり、放っておくと誰もやらなくなります。

しかしこれまでにもカスタマージャーニーを把握するための顧客調査を何度も実施してきましたが「顧客が家庭内の紹介を嫌がる」という話は聞いたことがありません。そこで改めて「家庭内紹介」にテーマを絞って、顧客アンケートを取ってみたのです。このアンケートで得られたのは、主に以下３つの発見点でした。

まず「友達への紹介は嫌だけど、家族への紹介はＯＫ」という発見です。確かに保険を友達に紹介したり勧めたりするのはやや気が引けます。お金が絡むことですし、家庭に関するプライベートなことでもあるので、なかなか紹介しづらい印象があります。一方で、家庭内の紹介は、機会があれば特にためらわないということが分かりました。

次に「保険の紹介は難しいが、保険を紹介する場のセッティングならOK」という発見です。これも確かに、保険商品を自分で配偶者や子供に説明するのは難しいですが、保険の営業担当を家族に紹介する場をセッティングするだけなら難しくありません。むしろプロに直接説明してもらったほうが安心でしょう。

最後に「今の保険に満足している人なら、家族の紹介を依頼されても嫌な気持ちにはならない」という発見です。満足度が高い人さえ分かれば、直接紹介をお願いしても大丈夫だということです。

このようなアンケート結果を解釈するために、少し具体的な状況を想像してみましょう。

営業行為は卑しいことではなく、顧客にも望まれている行為

例えば、次のような家族を想像してみてください。子供は先日成人しましたが、生命保険には入っていません。両親は万一に備えて、子供自身も保険を検討したほうがいいだろうと考えています。子供のほうは、少ない給料を保険などに使いたくないと思っていますので、親から保険の話をされても聞き流しています。

ある日、保険の営業担当から数年ぶりに電話がかかってきました。

「Aさん（親の名前）、ご無沙汰しております。Aさんは、もう少しで50歳になられますよね。お誕生日おめでとうございます。保険料が変わるタイミングでもありますので、念のためご連絡させていただきました。もしよろしければ、今のAさんに合わせて保障がぴったりか点検させていただきたいのですが、30分ほどお時間をいただけないでしょうか。

（中略）

ところで、お子様は最近成人されましたよね。おめでとうございます。お子様は既に生命保険に入られていますか？　もしおつなぎいただければ、貯蓄や投資の考え方から、保険に入るべきかどうか、ご説明させていただきたいと思うのですが、いかがでしょうか」

このように提案すれば、子供と直接商談できる可能性は、１００％ではないにせよ、それほど低くはないでしょう。

適切なターゲットに、適切なタイミングで、適切な方法で連絡すれば、顧客から嫌がられることなく、むしろ望まれた状態で商談を獲得できるのです。ここではまず子供の存在と年齢が把握できており、さらに両親が心配性であることまで分かっていれば百点満点です。

営業行為は決して卑しいことではなく、顧客にも望まれている行為なのです。顧客のことを何も知らないにもかかわらず、遠慮して何もしないでいるのは、ただの「怠慢」です。何もしないくらいなら、無差別にお客さんに電話をかけて、近況を把握しにいくくらいのほうが、まだ顧客視点というものです。

Ｔｒａｄｅのボトルネックは、発見さえしてしまえば即座に売り上げにつながり、ＬＴＶが向上します。我々が気付いていないだけで、顧客は「売り込みを待っている」というケースが本当によくあります。Ｓｅｎｓｅの成熟レベル次第ではありますが、顧客の状況を知り、営業するタイミングを逃しているパターンを洗い出していきましょう。

以降はＭＡＳＴのそれぞれに１章ずつ使って、ボトルネックのパターンを解説していきます。皆さんの会社や事業でも当てはまるものがないか、想像しながら読んでみてください。

本章のまとめ

- LTV向上のアクションにつながりやすい実践的なフレームワークとして、本書は「MAST」を提唱する。これにより顧客調査で発見した重大なLTVボトルネックを、大きく4つに分類している。
- 「MAST」は、LTV向上を妨げるボトルネックが発生しやすい「Meet（出会う）」「Attract（引き付ける）」「Sense（検知する）」「Trade（商売する）」の4つのアクションから頭文字を取った言葉。
- 「Meet（出会う）」は、ただ単に「初めて会う」ということではなく、「初めて認識される」までのボトルネック。単価の高い商材、企業のあずかり知らぬところで検討が終わる商材、使われているのに認識されづらい商材は、「Meet」がボトルネックになりやすい。カスタマージャーニーを丁寧に把握し、認識してもらえるポイントを見つけ出して解決する。

- 「Attract（引き付ける）」は、既に備わっている魅力が顧客に伝わらないというボトルネック。魅力的な商品や、おもてなしの不足を問うものではない。非対面コミュニケーションで発生しやすいが、対面でも顧客視点が不足すると発生する。このボトルネックを点検すれば、過剰品質のコスト削減も可能。

- 「Sense（検知する）」は、顧客の状況を日常的に把握し、ニーズの発生を検知するまでのボトルネック。何を検知したいのか、顧客側のニーズがどうなっているのかを突き止めた上で、必要十分なデータを取得する。目的なきデータ収集・統合に傾倒しないように注意する。

- 「Trade（商売する）」は、企業が遠慮し過ぎて、営業機会を逃しているというボトルネック。我々が気付いていないだけで、顧客は「売り込みを待っている」というケースが本当によくある。

第 3 章

「Meet（出会う）」のボトルネック

認識までの障壁が高過ぎる

3-1 「Meet（出会う）」のボトルネックのおさらい

この章では「Ｍｅｅｔ（出会う）」のボトルネック解消方法を考えていきます。

「出会う」の定義は、ただ単に「初めて会う」ということではなく、「初めて認識される」ということです。「認識される」タイミングは、その会社や商品と初めて会ったときとは限りません。商品を購入された後も、いつまでも認識してもらえないメーカーや商品はあります。

ここからはＭｅｅｔがボトルネックになりやすいケースとその対応策を紹介していきます。

１つ目は、「単価の高い商材」です。購入頻度が低いため、購入直前まで認識される機会に恵まれず、ニーズが発生した一瞬の競争になりがちです。しかもその一瞬の判断は、非合理的で、かつ大した比較検討も行われずに終了します。「一生に1回の買い物」を勝ち取るために、コストをかけてでも、事前に認識してもらう必要性の高い商材です。

２つ目は、単価はそれほど高くなくても、「企業のあずかり知らぬところで、検討が終わってしまう

図表9　「Meet(出会う)」がボトルネックになりやすいケース

単価の高い商材	知らずに買われる商材	所有されても認識されない商材
購入頻度が低いため、購入直前まで認識される機会に恵まれない商材。ライトな接点をつくり出すことで認識させる	企業のあずかり知らぬところで、検討が終わってしまう商材。 カスタマージャーニーの「隙間」を狙って認識させる	既に所有されているが、認識してもらえない商材。記憶に残るストーリー、言葉にする必然性、頻繁に見聞きするなどで認識させる

商材」です。比較サイトや地図に示されたネットの口コミ評価など、知らないところで勝負が決まり、競争に参加していることすら気付けません。企業や商品を認識してもらうためには「カスタマージャーニーの隙間」を突く方法が有効です。

３つ目は、「所有されても認識されない商材」です。上記の1～2つ目は、「所有前」に認識させる必要があるボトルネックですが、３つ目は所有された後に認識させるにはどうすればよいかという論点です。所有後であっても、しっかり認識を獲得しなければ、意識的なリピート購入やクロスセルが生まれません。所有された後も、気を抜かずに接点をつくる努力が必要です。

これらのボトルネックがなぜ発生するのか、どのように解決できるのか、という点について、具体例を交えながら説明していきます。

3-2 単価の高い商材 ライトな接点を用意する

まず紹介するのは「単価の高い商材」は、事前に認識しておいてもらえないと、勝率がぐっと落ちるというボトルネックです。高単価ゆえに検討される頻度は低く、限られたチャンスをものにしなければなりません。いざニーズが発生した一瞬を、複数の競合が奪い合うという市場になりがちです。

この奪い合いになる前に、自社を認識しておいてもらえれば、競合に勝てる可能性が上がります。高単価ゆえに、コストをかけた大掛かりな施策を打っても、元が取れるという特徴があります。

「一生に一度の買い物」なのに非合理的に意思決定される不思議

単価の高い商材には、どのようなものがあるでしょうか。例えば、住宅や自動車、保険、家具、結婚式場、高級ホテルなどです。購入単価が高いため、一部の富裕層を除けば購買頻度は低いのが一般的です。「一生に一度の買い物」と呼ばれるような商材です。

こうした商材は、何か大きなイベントをきっかけに購入の検討が始まります。住宅や自動車、保険などを初めて購入するとき、結婚や出産、退職などのライフイベントがきっかけになります。家具は引っ越し、式場は結婚、高級ホテルも新婚旅行などがきっかけでしょう。大きなライフイベントで、人生で一、二を争うような高額な商品を購入するのです。当然、合理的かつ入念な「比較検討」をすると思うでしょう。しかし実際のところ、多くの人は極めて非合理的かつ不十分な比較検討で意思決定するのです。

例えば、注文住宅の購買プロセスを紹介します。結婚したり、子供が生まれたり、子供が独立したり、大きめのライフイベントをきっかけに住宅を購入しようという購買行動がスタートします。

意外かもしれませんが、はじめのうちは注文住宅、分譲戸建て、分譲マンション、中古物件、賃貸など、幅広い選択肢の中から探し始めます。初めて家を買う人なら、住宅ローンについて調べたり、購入と賃貸のどちらが得かについて考えたりするなど、様々な情報収集を行います。ここまでは、一生に一度の買い物らしい慎重な行動を見せる人が多くいます。

この後、注文住宅への興味が高まると、大半の人は近所の「総合住宅展示場」へ行きます。総合住宅展示場には大手のハウスメーカーが複数社入っており、住宅のサンプルを見ながら、営業担当の説明を受けます。ここでハウスメーカーの営業担当に刷り込まれるのが「耐震性が強くないと安心できない」「長く住むものだからハウスメーカーは倒産しない大手のほうが良い」の2点です。この2つのバイアスが、その後の購買行動を大きく変えます。

総合住宅展示場の営業担当から聞いた話をうのみにした人たちは、これ以降、「耐震性」「大手」をキーワードに家探しをするようになります。自宅の郵便受けに、近所の中小ハウスメーカーの、モデルルームのチラシが入っていたとします。大手ハウスメーカーが建てる画一的な注文住宅に比べて、この中小ハウスメーカーの建てる家は個性的でオシャレだったとします。それでも「大手じゃないし、耐震性も不安だなあ」と興味を示さなくなります。「こんな奇抜なデザインにしているから耐震性も心配だなあ」などと、勝手に自分を納得させるためのロジックを展開する人すらいます。

一生に一度かもしれない買い物にもかかわらず、多くの人は総合住宅展示場の営業の話を完全にうのみにします。疑って調べることもしません。疑ってみればキリがないでしょう。耐震性はどのくらいあれば安心なのか？　中小工務店の耐震性は危ないのか？　大手の耐震性は過剰品質ではないのか？　中小工務店は本当に倒産するのか？　倒産したとして何が問題になるのか？　大手のアフターフォローは本当に安心か？　大手のアフターフォローは過剰品質では？　など、気になることが山積みなはずです。

実際に調べてみれば、賛否両論のポイントも多いようです。私は住宅の専門家ではないため、どちらが正しいか、どう選ぶべきかについて言及しませんが、少なくとも合理的に比較検討するにはもう少し勉強が必要でしょう。

しかし、人は非合理的に、中途半端な比較検討だけで意思決定をしてしまいます。「総合住宅展示場」という顧客接点が購買プロセスの初期フェーズにある以上、中小の工務店やハウスメーカーが入る余地は非常に限定的なのです。

不動産会社選び。購入は大手で売却は地元、本当に合理的な判断か？

人間が非合理的であるという例をもう一つ紹介します。次は、不動産を売却する際のプロセスです。同じ不動産の売買ですが、選ばれる企業は１８０度逆です。

不動産の売却タイミングも、ライフイベントに合わせて発生します。相続や離婚、転勤などやむを得ないイベントもあれば、新居への住み替え、投資向け物件の売却など様々です。この中でも、相続をきっかけにした売却は、スピーディーな意思決定が求められます。そのまま放置すれば空き家問題に発展しますし、相続する人が複数いれば現金化する必要があります。早急に売却しなければならないため、急ピッチで売却先探しが始まります。

不動産の売却を検討する人が、最初に声をかける相手は誰でしょうか？　やはり大手のハウスメーカー系列の仲介会社でしょうか？　実はその真逆で、地元に古くからある、小規模な仲介会社に声がかかります。顧客インタビューをすると、皆、口をそろえて言うのが「地元の相場は、地元の不動産会社が一番詳しいと思うので……」です。特に地元に不動産会社の知り合いがいるケースでは、必ず最初に声をかける傾向があります。

確かに地元の不動産会社は、地元の相場に詳しいかもしれません。しかしその不動産会社が、最近どれだけ地元の物件を売買しているかは分かりません。少し視野を広げてみれば、大手企業のほうが全国の相場を広く網羅しているため、適正価格を算出できるかもしれません。さらに言えば、大手企業のほうがその地元の物件すらも多数売買している可能性すらあります。

顧客インタビューの中で、私から「大手企業のほうが、売買のデータをたくさん持っていますよね。それに信頼できる会社のほうが良いのでは？」と質問すると、「売却してしまえば後は関係ないので、信頼できる会社じゃなくてもいいんです」と自分の行動を正当化する答えが返ってきます。特に相続のケースでは急いでいることもあり、合理的な比較検討なく、地元の不動産会社の言うことをうのみにして売却してしまうケースがよくあります。スピードを重視するあまり、買い手を見つけずに不動産会社が安く買い取ってしまうこともあります。

不動産を購入するときは大手志向、売却するときは地元志向、これは本当に合理的な判断と言えるでしょうか？　一生に一度かもしれない売買にもかかわらず、人類はこうもおざなりな意思決定をするものなのです。加えて言うなら、関心やこだわりの低い（関与度の低い）商材の場合、もっと非合理的に、比較検討なく売買の意思決定がなされます。

生命保険は関心の薄い商材の典型例ですが、顧客インタビューでは「よくテレビＣＭで見るから安心」「芸能人の○○さんが宣伝していて好感が持てる」「保険代理店の営業担当の人柄が良かった」などが契約の決め手になっています。もちろん「保険料と保障内容が良かった」と口では言いますが、内容そのものよりも、色々ヒアリングしてカスタマイズしてもらったという保険選び体験の丁寧さが刺さっています。

当然ながら、複数社を厳密に比較して選ぶような行動はありません。生命保険を厳密に比較することは、素人にとって難し過ぎます。比較検討能力の限界も相まって、全く合理的でない意思決定がなされるのです。

こうした非合理的かつ、比較検討がされない市場の中で、選定の土台に上がらない企業はどうすればよいのでしょうか。注文住宅購入における中小ハウスメーカー、不動産売却における大手仲介会社、生命保険でテレビＣＭをあまり打てない企業などは、苦しい勝負を迫られます。

資金に余裕のある大手企業ならば、テレビＣＭを打ちまくって認知を取り、検索広告を数多く出して比較検討時のユーザーとのタッチポイントを増やし、コールセンター総出で勝負が決まるまで電話をかけ続ければ、勝てることもあるでしょう。しかしそれではコストパフォーマンスが悪過ぎます。資金の有無に関わらず、コストパフォーマンスを高めていくのが、ＬＴＶボトルネックの解消という考え方です。

普通の会社員がザ・リッツ・カールトンに定期的に泊まるワケ

ここでヒントになるのが、ホテル業界の顧客インタビューを行った際に、ある被験者が語った体験でした。

この被験者は40代の女性で、自分へのご褒美と称して、定期的に「ザ・リッツ・カールトン」に宿泊していました。言うまでもありませんが、ザ・リッツ・カールトンはトップクラスの高価格帯を誇る宿泊施設です。私自身、ザ・リッツ・カールトンは高額過ぎるので、一度も泊まったことがありません。この被験者も、決して石油王のご息女ということではなく、普通に働いているビジネスパーソンでしたが、ザ・リッツ・カールトンに定期的に宿泊しているのです。

注目すべきは、この被験者がザ・リッツ・カールトンと出会った経緯です。初めてザ・リッツ・カールトンと出会ったのは、友人の結婚式だったそうです。それまでは名前しか聞いたことのない存在でしたが、格式高い雰囲気や豪華な調度品、接客担当者の振る舞いなどに圧倒され、強い憧れを抱いたそうです。偶然、近所に住んでいたこともあり、その後ザ・リッツ・カールトンのラウンジでお茶ができるということに気付きます。20～30代の頃は金銭的に余裕がなかったため、頻繁に利用することはできませんでしたが、たまの自分へのご褒美として、友達とのお茶はザ・リッツ・カールトンで過ごすことにしていました。お茶をするだけでも、建物や調度品の格式の高さはもちろんのこと、コーヒーを注いでくれる接客担当者の振る舞いもあって、非常に特別な時間を過ごせていました。

その後、40代になって金銭的な余裕ができ、憧れだったザ・リッツ・カールトンに初めて宿泊し、今日に至るというのです。お茶をするだけでも最高のザ・リッツ・カールトンに宿泊できる日は、自分への最高のご褒美だと言うのです。

この被験者の体験から学ぶべきことは、高単価商材を体験できる「ライトな接点」を用意することで、長期視点でのアップセルが可能だということです。「宿泊」一本やりでは敷居が高過ぎます。「結婚式の招待客」「お茶」というライトな商材を提供することでMeetのボトルネックを解消し、その後も継続接触を図ることがLTV向上に有効なのです。

IKEAのレストラン事業はもうからなくて構わない

この「ライトな接点」を作るという手法は特別なものではなく、至る所で展開されています。参考までに、家具業界を例に解説します。

家具業界において、顧客が最初に思い浮かべるブランドは「IKEA」と「無印良品」が2強です。顧客インタビューでも、私が「引っ越すに当たって家具を探したとき、まず何をしましたか？」と聞くと、大半のユーザーが「IKEAと無印良品の店舗に行きました」と答えます。Webで家具を検索するよりも前に、わざわざIKEAや無印良品の店舗にまで足を運ぶのです。ネットばかりしていて引きこもっている私からすれば、驚きの行動に聞こえます。

こうした行動を誘発しているのは、彼らの巧妙な宣伝や広報活動によるところも大きいでしょう。ただ、ライトな接点という視点で見れば、両者ともに別々の方法で積極的に活動しています。

IKEAはレストランが有名です。高級ホテルのビュッフェのようにストロベリーフェアまでやっています。週末に暇を持て余しているファミリーやカップルを集客し、軽くショールームを見学してもらった後に、レストランで料理を振る舞います。レストランだけのお客さんも歓迎です。今すぐ家具を買わなくても、いざ引っ越すことになったタイミングで思い出してもらえればそれでOKです。何ならレストラン事業は元が取れなくても問題ありません。いつか家具で元が取れればいいのです。利益が出ないくらいの低価格で食事を出されたら、他の飲食業は迷惑するでしょうが、顧客からすれば大喜びでしょう。

無印良品やニトリは家具だけの店舗ではありません。化粧品や食品、文房具、アパレルなど幅広い品目をそろえています。家具の売り上げだけを追求しているわけではないでしょうが、他に頻繁に来店する理由があるため、結果として家具選びの際に第一想起を取れているのです。

キャンペーンを利用すれば、ライト会員リストは簡単につくれる

さらにライトな顧客接点をつくるなら、キャンペーンで会員を獲得し、メールマガジンやDM（ダイレクトメール）などで継続接触する「ライト会員」も有効です。特にこだわりや関心の低い（関与度の低い）保険や自動車（高級車は除く）のような商材にはお勧めです。なぜなら、ザ・リッツ・カールトンのラウンジのような特別な体験を演出できませんし、ユーザーもそんなことを望んでいないからです。

この手法で最も重要なポイントは、ターゲットに近い会員を獲得することです。キャンペーンだからといって、将来顧客にならない有象無象の人たちまで集めてしまっては費用対効果が合いません。ターゲットの人からすれば欲しいものだが、ターゲット以外の人からすれば全く必要のない「インセンティ

ブ」を用意できるかどうかが鍵です。

自動車業界の事例で、自動車そのものを抽選でプレゼントにした施策は秀逸でした。例えば、私が乗っているのはホンダのコンパクトカー「フィット」ですが、「フィットを抽選でプレゼント」というキャンペーンがあって、それを欲しがる人はどんな人でしょうか？　まず車に乗らない人は、興味を持たないはずです。駐車場もないでしょうし、いきなり車がやってくれば迷惑な可能性だってあります。転売目的の人もいるかもしれませんが、そういう人たちはキャンペーンなら何でも応募する可能性があります。さらに車を持っていても、高級車志向の人や、家族が多くてフィットだと小さ過ぎる人など、フィットと相性が悪い人は応募しません。このキャンペーンに応募するのは、現在または将来「フィットを買ってもおかしくない人」に限定されるのです。

フィットを買ってもおかしくない人のリストを獲得した後は、いざ車を買おうと思ったタイミングで「そういえば、フィットって車があったな」と選択肢に入れてもらえれば十分です。そのためには「フィット」「フィット」と、メールのタイトルなどで商品名を連呼していればいいのです。

逆に詳細な仕様や、オシャレな動画など、フィットについての説明は一切不要です。なぜなら購入直前までは、細かいことに全く興味を持たないからです。フィットのようなコンパクトカーは、こだわりを持って選ぶ高級車とは違います。単価が他の商品と比べて高いだけで、こだわりや関心が低い商材は、購入直前になるまで、細かい情報は見てもらえません。

図表10　高額商材のボトルネックと解決方法

高額商材との「Meet」を作るライトな接点

ライト商材

商材を体験できる安価なパッケージ。ホテルのカフェ、家具店の雑貨などで接点をつくる手法

商品の関与度が高い場合や、顧客と自然に接点を持てる場合に有効である

ライト会員

キャンペーンなどで会員を獲得し、メールなどで継続接触して認識してもらう手法

商品の関与度が低い場合や、顧客と自然には接点を持ちづらい場合に有効である

この点がいわゆる「ロイヤルティープログラム」と異なる点です。潜在顧客の囲い込みを狙って、特別なサービスを提供する必要など一切ありません。顧客とは適度な距離感を保ち、商品名や企業名だけ目に触れるようにしておけばいいでしょう。それによって、企業側も顧客側も時間をかけず、双方にとってカロリーの低い体験になるのです。

この「キャンペーン＋商品名連呼」の施策は、テレビＣＭの代替を狙ったものです。認知向けのデジタル広告を大量投下するくらいなら、この「キャンペーン＋商品名連呼」に切り替えたほうが効率的です。なぜならデジタル広告は、マス広告に比べてリーチが弱く、単価が高いためです。せっかく出すならば、その後も継続接触できるような連絡手段を獲得すべきです。このあたりの詳細は、拙著『デジタルマーケティングの定石』（日本実業出版社）でも解説しているので、ご興味があればお読みください。

最後に簡単にまとめますが、単価の高い商材は、事前に認識してもらえるかどうかで勝率が大きく変わります。いざ購入検討を始めると、選択肢の幅は狭く、非合理的に特定の商品しか選ばれません。

こうしたボトルネックを解消するためには、事前認識を獲得しなければなりません。それには「ライトな接点」を持つ方法が有効です。ここではライトな接点を持つために、商材を体験できる安価なパッケージを作る「ライト商材」と、キャンペーンで会員を獲得しメールなどで継続接触する「ライト会員」を紹介しました。

3-3 知らないうちに検討が終わる商材 ジャーニーの隙間を狙う

次に紹介するのは「企業のあずかり知らぬところで、検討が終わってしまう商材」です。前述した単価が高い商材に限らず、幅広い商材において、初めて出会うまでにボトルネックを抱えているケースを紹介します。

単価が高い商材は、顧客が検討する頻度が低く、認識される機会に恵まれません。そのためライトな接点作りが有効でした。一方で、ここで語られる商材は、単価の高い商材に比べればライトな接点は持っているにもかかわらず、それでも認識されない商材です。

ここでもお金を使ったマス広告や棚押さえで認知を取る戦術は有効です。商材によってはマス広告や棚押さえしか手段がない、またはそれらが最も効率的なケースもあるでしょう。しかし単価の高い商材に比べれば、1人の顧客当たりに使えるコストは限定的です。商材によってはもっとコストパフォーマンスに優れる方法を適用できるケースがあります。ここではその方法を模索していきます。

その方法とは、端的に言えば、カスタマージャーニー上で、一瞬だけ認識してもらえる可能性がある「隙間」を突く方法です。

宿公式サイトがじゃらんに勝つには「2つの隙間」を狙う

まず1つの事例を紹介します。宿泊業界の購買行動は、オンライン専用旅行会社（OTA）によって支配されています。OTAの中でも特に強いのは「じゃらんnet」と「楽天トラベル」の2つで、宿を探すユーザーの大半はこのどちらかを起点にします。

宿からすれば、OTA経由だと手数料を取られるため、できれば宿の公式Webサイトから直接予約できるプランに申し込んでもらいたいと思っています。また宿と交通をセットで販売する「ツアー会社」にしても、OTAを経由するとチャンスがなくなるため、何とか自社のWebサイトに集客したいところでしょう。

しかし、一度じゃらんnetや楽天トラベルを利用してしまうと、なかなか他を利用してくれません。エリアを選び、口コミと料金で目星を付け、写真や場所、プランを見て宿を絞り込んでいきます。特にじゃらんnetや楽天トラベルでポイントをためているようなユーザーは、そのまま予約してしまいます。宿やツアー会社にとって「付け入る隙」などないように思われます。まさにあずかり知らぬところで、認識されることなく、購入が決まってしまうのです。

それではここにどのような「隙間」があるのでしょうか？　実は、OTAから一瞬だけ離脱するタイミングが2パターンだけ存在します。

１つ目は、宿の詳細を知りたいと思って、「宿名」を検索するケースです。ユーザーはＯＴＡ内である宿に興味を持つと、さらに詳しい情報を知るため検索エンジンに宿名を入れます。宿名はＯＴＡからコピー＆ペーストします。通常は宿の公式サイトを訪れて、写真や食事などを軽く閲覧し「ＯＴＡより詳しい情報はないなあ」と落胆して、ＯＴＡに戻っていきます。

２つ目は、もっとお得なプランはないかと思って、「プラン名」を検索するケースです。ＯＴＡで予約したい宿が決まったものの、他のＯＴＡでもっとお得なプランがあるかもしれないと思い、検索エンジンにプラン名を入れます。今回もプラン名はＯＴＡからコピー＆ペーストします。過去にじゃらんｎｅｔと楽天トラベルで、同じプランにもかかわらず金額が違ったという経験がある人は、こうした検索行動を取ります。検索した結果、より安いプランを見つけたＯＴＡで予約します。

まず宿からすれば、一度公式サイトに来てくれているのですから、それを逃す手はありません。最近は多くの宿が実装していますが、「公式ベストレート（最安値で予約できることを保証する制度）」の訴求で、直接予約のプランを認識してもらえる可能性があります。他のＯＴＡよりも、宿の公式サイトで予約すると「一番安い」と訴えかけるわけです。

しかし、これにはよくある問題が２つあります。一つはポイントを差し引くとベストレートではなくなるという点です。じゃらんｎｅｔや楽天トラベルを使っているユーザーはポイントをためています。特に楽天ユーザーはポイントへの執着がすさまじいです。楽天ポイントがたまらなかったとしても、公式サイトなら最もお得な金額で宿泊できますという訴求がなければ、ユーザーに刺さりません。これは金銭的なインセンティブだけでなく、公式限定の「朝食無料」「子供無料」のような特典でも代替可能です。

もう一つの問題は、ユーザーが公式ベストレート訴求に気が付かないという点です。宿の公式サイトでは、トップページにバナー広告のように「ベストレート」と小さく表記しているケースがよくあります。しかしユーザーはOTAから一瞬外に出てきただけで、すぐに元いたOTAに戻ろうと思っています。宿側の都合で見てほしい情報など、ゆっくり見てくれる暇も余裕もありません。宿の公式サイトでユーザーが見るのは、主に写真です。それならば写真ページの中で、写真の1枚として「公式ベストレート」という文字だけの画像を紛れ込ませるか、何なら全ての写真に「公式ベストレート」というラベルを付けるくらいしなければ、ユーザーの目に止まらないでしょう。

ユーザーは自分の興味があるものしか見ません。横道にそれてまで宿公式のプランを認識してもらうためには、並々ならぬ存在感でアピールしなければならないのです。

訴求が難しい「キャンセル保険」を売り込む最良のタイミングは

次に、ツアー会社であれば、先に述べた「宿名」検索と、「プラン名」検索でOTAから離脱する隙間に、どうすれば付け入ることができるでしょうか？

答えは、宿名またはプラン名を検索したときを狙って、検索広告に「宿名＋交通手段」なら最も安いという訴求を出すのです。特に鉄道会社や航空会社系列のツアー会社なら、交通手段を絞ればどこよりも安い価格でプランを提示できるはずです。例えば「京都の宿〇〇は、新幹線とセットで最安です」と訴求するのです。宿名やプラン名検索の広告は、比較的ライバルが少ないため、割安に広告を出すことができます。キーワード数が多くロングテールになりますが、網羅すればそれなりの予約を獲得できるでしょう。

　宿泊業界なら「キャンセル保険」も、また「隙間」を狙うべきビジネスです。キャンセル保険は、旅行に急きょ行けなくなった場合の「キャンセル料」を補償する保険です。直前に新型コロナウイルス感染症にかかった、子供が病気になった、急ぎの仕事が入ったなどのリスクに備えたい人が加入します。

　しかしこの保険は、加入を訴求するタイミングが難解です。じゃらんｎｅｔや楽天トラベルで宿を探しているときは、宿にしか興味がないため、保険の情報は一切見てもらえません。だからといって、宿の予約が完了した後は、もう旅行に関する検討を終えてしまっているため、わざわざ調べようともしません。そもそもキャンセル保険という存在を知らない人も多いため、よほどキャンセルに対するリスク感度が高い人でもない限り、自発的に調べようとはしないでしょう。

　そこでキャンセル保険が狙うべき隙間は、ＯＴＡの予約確認ページです。予約する宿が決まり、個人情報を入力し、あとワンクリックで決済完了というタイミングを狙うのです。ここでの訴求は「万一直前キャンセルした場合、宿泊料を全額お支払いいただきます。今、１０００円の保険に入ればキャンセル料はかかりません」です。ＯＴＡの入力確認画面で、チェックボックスにワンタップするだけで保険に加入できるというわけです。

この予約確認画面は、宿探しや情報入力から解放され、最も心に「隙」ができる瞬間の一つです。さらにここであれば、キャンセル料がどのくらい発生し得るかというリスクも具体的に伝えることができます。キャンセル保険を認識してもらうには絶好のタイミングというわけです。

公式サイトでは「怪しい会社ではない」ことの証明が第一歩

このようにカスタマージャーニーを丁寧に点検すれば、自社の商品やサービスを認識させるための隙間を見つけられるはずです。宿泊業界一つ取っても、これだけの隙間が見つかるのです。他業界の隙間探しに応用してみてはいかがでしょうか。

特に比較サイトやポータルサイト、ＥＣモールなどの隙間は少なくありません。例えば、似た事例でいえば、インターネットプロバイダーの比較サイトです。インターネットプロバイダーも比較サイト経由で申し込めば手数料がかかるため、できれば公式Webサイトでの直接申し込みを狙いたい業界です。比較サイトで「月額費用の安い順」などで並び替えると、知名度の低いインターネットプロバイダーが上位に出てきます。地元のケーブルテレビ会社などが運営するインターネットプロバイダーが多いのですが、ユーザーは聞いたこともない会社のため、少し不審に感じます。こうしたユーザーは、そのインターネットプロバイダーの名前を検索エンジンにコピー&ペーストで入れて、どんな会社なのか調べます。こうして、一瞬だけ公式Ｗｅｂサイトを訪れてくれるチャンスがあるのです。

公式Ｗｅｂサイトでやるべきことは、まず「怪しい会社ではない」ことの証明です。トップページや会社概要で、知名度の高い親会社や取引実績を示して、安心感を訴求しなければなりません。加えて、ここでもやはり「公式ベストレート」訴求です。公式のキャンペーンやプランが最もお得であることを伝えなければなりません。

こうした「カスタマージャーニーの隙間」は、顧客インタビューの亜種である「行動観察調査」で明らかになります。行動観察調査は、被験者にとってリアルな状況を設定し、実際にＷｅｂサイトなどを目の前で自然に使ってもらう調査手法です。Ｗｅｂサイトに限らず、郵送物や店舗の体験も調査可能です。

さらに隙間を見つけた後の、対応方針を明らかにする上でも、この行動観察調査は有効です。隙間に対応するモック（ラフに作った施策案）を作成し、それをリアルな状況で被験者に当てるだけです。意図通りに隙間から自社を認識してもらえるかを調査できます。具体的な調査方法は後述しますので、興味がある方はぜひチャレンジしてみてください。

Googleマップの「口コミ点数」によっては〝存在〟が消される

企業のあずかり知らぬところで、検討が終わってしまう商材に関するもう一つの論点は、「投資配分の最適化」です。前述の通り、宿の公式Webサイトはベストレート訴求が何より大切です。加えて、OTAをひとしきり見た後に訪問するため、OTAと重複するだけの情報は不要といっても構いません。つまり、公式Webサイトの制作や運用に余計なコストをかけるのは無駄だということが分かるでしょう。必要なのは「ベストレート訴求」「直接予約のスムーズな動線」「OTAに掲載しきれない情報」くらいのものです。OTAでの情報掲載量に制限があるなら、例えば公式Webサイトでしか見られない写真を多数掲載すべきです。温泉、食事、ラウンジの写真などはぜひとも掲載しておきたいものです。

似たような事例で、最後に「歯科医院」や「クリニック」のカスタマージャーニーを紹介します。歯科医院やクリニックを探すユーザーは、まず検索エンジンで「池袋 歯科」「梅田 皮膚科」のように、「地域×診療科」で検索します。ここで上位に表示されるのが「Googleマップ」です。大半のユーザーはこの検索結果からGoogleマップに遷移し、「口コミの点数」で絞り込みます。

希望するエリア内で、口コミの点数が高いものから順に見ていきます。大体のエリアで、口コミが4点前後の選択肢が1～3個表示されますので、その中から候補を探します。逆に言えば、ここで選択肢から外れると、もはやその歯科医院やクリニックは存在しないものと同じになります。つまり、Google

マップの「口コミ4点前後」が、地域密着ビジネスにとって必須の要件なのです。

口コミの点数で絞られた1~3個の候補だけ、詳細な口コミが読まれます。良い口コミは流し読みし、悪い口コミは熟読します。この悪い口コミは、たちの悪いクレーマーによるものなのか、クリニック側の落ち度によるものなのか、それを見極めるために熟読されます。ここでクリニック側の紳士的な「返事コメント」があれば、悪い口コミといえども印象はかえって良くなることがあります。

口コミの印象が良いと感じた場合に、ようやく公式のWebサイトに遷移します。ここで対応日時、対応する病気/施術、院長のプロフィルなどを確認して、最も印象の良いクリニックが選ばれます。

以上のカスタマージャーニーを知った上で、歯科医院やクリニックは何に最も注力すればいいのでしょうか? 答えは、Google マップの「口コミの点数」です。点数が4点前後なければ、その歯科医院やクリニックはこの世に存在しないのと同じですから。Google マップの情報だけで勝負が決まってしまうとなれば、歯科医院やクリニックも、やはり「企業のあずかり知らぬところで、検討が終わってしまう商材」なのです。

それにもかかわらず、多くの歯科医院やクリニックは自社の公式Webサイトにばかり多額の投資を行います。もちろん、Google マップで選ばれた後に、公式Webサイトも重要な顧客接点になりますから、何もしなくてよいということではありません。しかし、公式Webサイトを自分の城か何かと勘違いしているのか、とにかくきれいに、格好よく作ることに心血を注いでしまいます。

そんなことより、まずやるべきはGoogle マップの口コミの点数です。口コミが良くなるように、患者さんに丁寧な対応を心がけるのは当然ですが、加えて、口コミを書いてもらえるように働きかけなければなりません。日本人は、嫌なことがあると悪い口コミを書きますが、良いことがあっても良い口コミはあまり書きません。結果的に、放置しておくと悪い口コミだけが投稿されて、平均点数が悪化します。普通に満足して帰っていく患者さんに、フラットに口コミを書いてもらうだけでいいのです。恣意的にポジティブな口コミを投稿するように仕向ける「スパム行為」は必要ないのです。

最後に簡単にまとめます。「企業のあずかり知らぬところで、検討が終わってしまう商材」は、カスタマージャーニーの「隙間」を狙って、自社を認識させなければなりません。この隙間は、行動観察調査によって発見することができます。また隙間への対応が最優先事項であり、それ以外への過度な投資は避けるべきです。

3-4 所有されても認識されない商材 後付けの接点をつくる

ここまでのＭｅｅｔのボトルネックは、初めて購入したり使ったりする前に、いかに認識してもらうかが大切かという点について解説してきました。最後は顧客が「既に所有したり使ったりしているのに、認識してもらえていない」というボトルネックを扱います。

前述の通り、私たちの身の回りには、普段からよく目にしたり使ったりしているのに、メーカー名や商品名、見た目すらも認識できていない商品がたくさんあります。１回目は偶然購入してくれたかもしれませんが、商品スペックへの満足度が相当高くない限り、２回目はありません。商品に満足していたとしても、そのメーカー名を認識していなければ、他の商材をクロスセルすることが難しくなります。

このように、購入後でも利用後でも、後付けで認識してもらったほうが有利になる商材は多いでしょう。

それではどのような商品が、購入されたり利用されたりした後も認識されていないのでしょうか？一般的に購入される前に認識されていない商品は、購入された後もそのまま認識されていません。例えば、無印良品の店舗までわざわざ訪れて購入した家具は、買った後も「無印の家具」として記憶されています。一方で、楽天ランキングの上位に出てきて買った家具は、「楽天の家具」とだけ記憶されており、メーカー名は認識されていないことがほとんどです。特定のブランドを認識して購入していなければ、購入後も認識されないままなのです。

誰かから譲り受けた商品も同様です。私は先日ゴルフを始めるに当たって、父親から昔のゴルフ用品一式をもらいました。ゴルフレッスンに通って何度もゴルフクラブを使っていますが、いまだにメーカー名を認識していません。

購入後でも商品を認識してもらえる3つの条件

それでは購入したり、利用したりする中で、「認識してもらえる」商品とはどういうものでしょうか？

それは「記憶に残るストーリーを知る」「言葉にする必要がある」「頻繁に見聞きする」のいずれかがあった商品です。参考までに私の経験を紹介しますが、皆さんも一度ご自身の経験を思い出してみてください。

まずは「記憶に残るストーリーを知る」です。例えば、私はユニクロの「ユニクロU」というシリーズを認識しています。これは当時ユニクロに勤めていた従業員から「垣内さんが今着ている服は、ユニクロUというシリーズなんですよ。それは昔エルメスのデザイナーだった人がデザインしているんです」と聞いたことで、今でも印象に残っています。ユニクロの価格帯で、エルメスの体験が得られるような錯覚があり、すごく得した気持ちになったのを覚えています。

他の例では、前述した父にもらったゴルフクラブの中で、１つだけメーカー名を認識しているものがあります。それはゴルフのコーチから「お父さんにもらったこのパターは、もう手に入りません。すごく良いものだから、大切にしたほうがいいです」と言われた、「Ｓｃｏｔｔｙ Ｃａｍｅｒｏｎ（スコッティキャメロン）」と書かれたパターです。家に帰って検索してみると、思ったよりだいぶ高価な商品であることに驚きました。さらに世界のトッププロが使っているということや、パター専門メーカーであることを知り、大切に使わないといけないなと認識した記憶があります。

このように、あなたが買った物、使っている物は、「実はすごいんです」というストーリーを後付けで知れば、存在を認識してもらえるというわけです。しかし、こうしたストーリーを顧客に届けるのは実に困難です。購入後に認識されていない時点で、あまり興味を持たれていません。誰かが口コミで伝えてくれるのがベストですが、それはあまりにもアンコントローラブル過ぎます。深いストーリーを、時と場所をわきまえず一斉に届けようとしても、きちんと読んでくれる可能性は低いでしょう。

チャレンジするなら、少しでも興味を持ってもらえるタイミングを狙うべきです。一番良いのは「購入前後」です。店舗であれば、スタッフから知られざるこだわりを説明するようなオペレーションをつくります。通販なら商品を郵送する箱に、こだわりの背景情報を記した同梱物を入れるといいでしょう。一番興味を持ってもらえるタイミングを狙って、プッシュ型で情報発信するのです。

もう一つは、何かしら興味を持って公式Ｗｅｂサイトに訪れてきたタイミングです。「ユニクロＵって、買った服のタグに書いてあるけどなんだろう?」と思って検索してくる人がいるとすれば、それは絶好のチャンスです。ここでユニクロUのこだわりとともに、デザイナーのキャリアまで載せてあれば、私の実体験をデジタルで再現できます。わざわざ興味を持って検索してくる人は少人数でしょうが、潜在的なファンを含むため丁寧に対応すべきです。企業のブランドサイトの役割は曖昧になりがちですが、このように購入後のユーザーに「深いストーリー」を伝えて好意度を高めることも、重要な役割の1つなのです。

購入後の丁寧なサポートは、ほぼ100%の確率でLTVに貢献

次に、所有後に認識されるパターンは「言葉にする必要がある」ケースです。人は自ら言葉に発することで、そのメーカー名や商品名を記憶します。一番の正攻法は、その商品の品質が高く、リピート購入するために名前を調べるパターンです。

私の庭には、ほぼ手入れをしなくても枯れず、サイズが巨大化することもなく、年中きれいな色の葉を付ける植物がありました。ガーデニングでの使い勝手があまりに良いため、追加購入しようと思うのですが、名前が分かりません。購入した時はその見た目までは分かっても、使い勝手の良さまでは知らなかったので、わざわざ名前を覚えることはありませんでした。Googleで何度か特徴を検索したところ、ついにその植物の名前が「ヒューケラ」であることを突き止めました。それ以来、私にとってその

植物は、使い勝手の良い「ヒューケラ」と認識されることになったのです。

他にも正攻法としては、シェアする際に名前を調べるパターンです。私は乾燥による手荒れが本当にひどく、なかなか良いハンドクリームに出会えずにいました。先日もＡｍａｚｏｎで新しいハンドクリームを探し、ランキングから適当に購入したのですが、これまでの物とは全く異なり、手の症状を改善してくれたのです。

何度か使って手荒れが改善したにもかかわらず、その時点で私はこのハンドクリームの名前を認識していませんでした。数カ月後、同じく手荒れに苦しむ知人がいたので、このハンドクリームの良さをシェアしようと思ったとき、初めてパッケージに書いてある商品名に目をやったのです。そこには何年も前にテレビＣＭで聞いたことがあった「アトリックス」という名称が刻まれていました。

上記２つのケースは、商品そのものが魅力的だと思われる必要があります。しかし、そうでなくても「言葉にする必要がある」のは、カスタマーサポートを必要とする場合です。商品が壊れたとき、メンテナンスが必要なとき、操作方法が分からないときなどは、メーカー名や商品名を検索します。

また私の例ですが、先日、庭の自動散水機が動かなくなりました。それまではメーカー名を認識していませんでしたが、修理のためにメーカー名や商品名を調べるため散々検索しました。この過程でメーカー名を覚えましたが、同時に印象は最悪になりました。まず商品付属の取扱説明書を隅々まで読みましたが、私が求めている情報がありません。さらに公式Ｗｅｂサイトにも求める情報が一切なく、商品を購入したＡｍａｚｏｎの商品説明にも何も書いていないのです。何度も社名を検索したため、名前は認識できるようになったものの、印象はかなり悪くなってしまいました。

購入後にサポート情報を求めるユーザーへの対応は、一見すると売り上げにつながらないように思えます。そればかりか余計な対応コストにすら思えるでしょう。そのためどの企業も優先度を低く設定しがちです。

確かに売り上げの見込みがなければ予算も取りづらいでしょう。しかしLTV向上に向き合うなら、こうした購入後のカスタマージャーニーにこそしっかりとメスを入れて対応すべきです。サポートページでの印象が良ければ、企業名や商品名を認識するとともに、リピートの可能性も高まることをデータで「証明」できれば、予算を獲得できるでしょう。実際に顧客アンケートを取れば、ほぼ１００％の確率でLTVへの貢献を「証明」できることを保証します。

シェアをひっくり返した企業に待っていた落とし穴

最後に、所有後に認識されるパターンは「頻繁に見聞きする」ケースです。ここで具体例を１つ紹介します。店頭で普通に売られている液体洗浄剤で、シェア争いをしていたA社とB社がありました。１位のA社と、２位のB社の差はかなり大きく、B社は苦汁を飲まされていました。しかし、新型コロナウイルス感染症がまん延した直後、１位のA社が在庫を切らしてしまい、あっさりとシェアの順位が逆転したことがありました。B社は長年のライバルにようやく追いつき、意気揚々としていたそうです。

その後、もともと1位だったA社の在庫が元に戻った瞬間、あっさりと順位は再逆転し、B社は2位に転落してしまいました。A社が1位に返り咲いた理由はなんでしょうか？　品質の高さか、宣伝の巧妙さか、棚押さえの強さか。原因を突き止めるために、顧客インタビューを実施しました。

答えは「家にあるボトルが、A社のものだから」だったのです。もともと2位のB社は、コロナ禍でできるだけ大容量の商品を届けようと、あえて「詰め替え用」商品を中心に販売していました。このB社の「詰め替え用」は、一時的にA社のボトルに入れられて使われたのです。しかし、A社の在庫が戻った時、「家にあるボトルと同じ商品で、詰め替え用を買いたい」という顧客心理から、A社の詰め替え用が選ばれたのです。

後の祭りではありますが、B社がコロナ禍に「詰め替え用」ではなく、「ボトル付き」を売っていれば、今でもシェア1位を維持できていた可能性があったのです。液体洗浄剤は、顧客の関心が低い、いわゆる低関与商材であり、顧客に認識されづらい商品です。価格帯も低いため、こだわりを持って選ばれることは少ないでしょう。そもそも商品の関与度によらず、顧客は今持っている商品を「惰性」で買うことがよくあります。それでもカスタマージャーニー上の一点である「家にあるボトル」を掌握できれば、顧客から認識してもらうことが可能で、LTVを伸ばしていけるのです。テレビCMを打つより、棚を押さえるより、安易なアプリや会員プログラムをつくるより、はるかにコストパフォーマンスが高いと思いませんか？

最後に簡単にまとめます。企業が自社の商品を顧客に所有した後から認識してもらうには、「記憶に残るストーリーを伝える」「言葉にする必要がある」「頻繁に見聞きする接点をつくる」のいずれかが必要です。

「記憶に残るストーリー」は購入前後か、検索してWebサイトを訪問してもらったタイミングで伝えます。「言葉にする必要性」で意識しなくてはならないのは、カスタマーサポート時の丁寧な対応によって、好印象を与えて認識させることです。「頻繁に見聞きする」では、パッケージ、音声、テキストなどを通じて、継続接触できる顧客接点をつくることが必要です。

商材に合わせて、上記の3つのいずれか、または組み合わせで、所有してもらった後の認識を獲得し、LTV向上を目指します。

本章のまとめ

・「Meet（出会う）」は、ただ単に「初めて会う」ということではなく、「初めて認識される」までのボトルネックである。「認識される」タイミングは、その会社や商品と初めて会ったときとは限らない。

・「Meet（出会う）」のボトルネックが発生しやすいのは、「単価の高い商材」「企業のあずかり知らぬところで、検討が終わってしまう商材」「所有されても認識されない商材」の3つ。カスタマージャーニーを丁寧に把握し、認識してもらえるポイントを見つけ出して解決する。

・「単価の高い商材」は、事前に認識してもらえるかどうかで勝率が大きく変わる。そのためには「ライトな接点」を持つ方法が有効。ここでは商材を体験できる安価なパッケージを作る「ライト商材」と、キャンペーンで会員を獲得しメール等で継続接触する「ライト会員」という方法を紹介した。

- 「企業のあずかり知らぬところで、検討が終わってしまう商材」は、そのままでは認識機会に恵まれない。カスタマージャーニーの「隙間」を狙って、自社を認識させなければならない。この隙間は、「行動観察調査」によって発見できる。また隙間への対応が最優先事項であり、それ以外への過度な投資は避けるべきだ。
- 「所有されても認識されない商材」は、リピートやクロスセルに苦労する。「記憶に残るストーリーを伝える」「言葉にする必要がある」「頻繁に見聞きする接点をつくる」のいずれかで認識させる。

第 4 章

「Attract（引き付ける）」のボトルネック

顧客に魅力が伝わらない

4-1 「Attract（引き付ける）」のボトルネックのおさらい

この章では「Ａｔｔｒａｃｔ（引き付ける）」のボトルネック解消方法を考えていきます。

Ａｔｔｒａｃｔのボトルネックは「魅力的な商品」や「おもてなし」が足りないという話ではありません。既に備わっている魅力の大半が顧客に伝わっていないため、それを正しく伝えるべきだという提言です。

ここからはＡｔｔｒａｃｔがボトルネックになりやすいケースとその対応策を紹介していきます。

１つ目は、「非対面」のコミュニケーションが中心となるケースです。デジタル、紙、マスなどの顧客接点は「セルフサービスチャネル」ゆえに、大半のことが伝わっていないという前提に立たなければなりません。この場合、カスタマージャーニー上の文脈に沿って魅力を伝えるように改善します。非対面で伝わりづらい情報は、あえて対面のコミュニケーションに切り替えることも検討します。

２つ目は、「対面」でコミュニケーションしたとしても、接客方法が企業視点では、全くといっていいほど魅力が伝わらないケースです。プロとしての振る舞いが、かえってそっけなく感じることすらあり

図表11　「Attract（引き付ける）」がボトルネックになりやすいケース

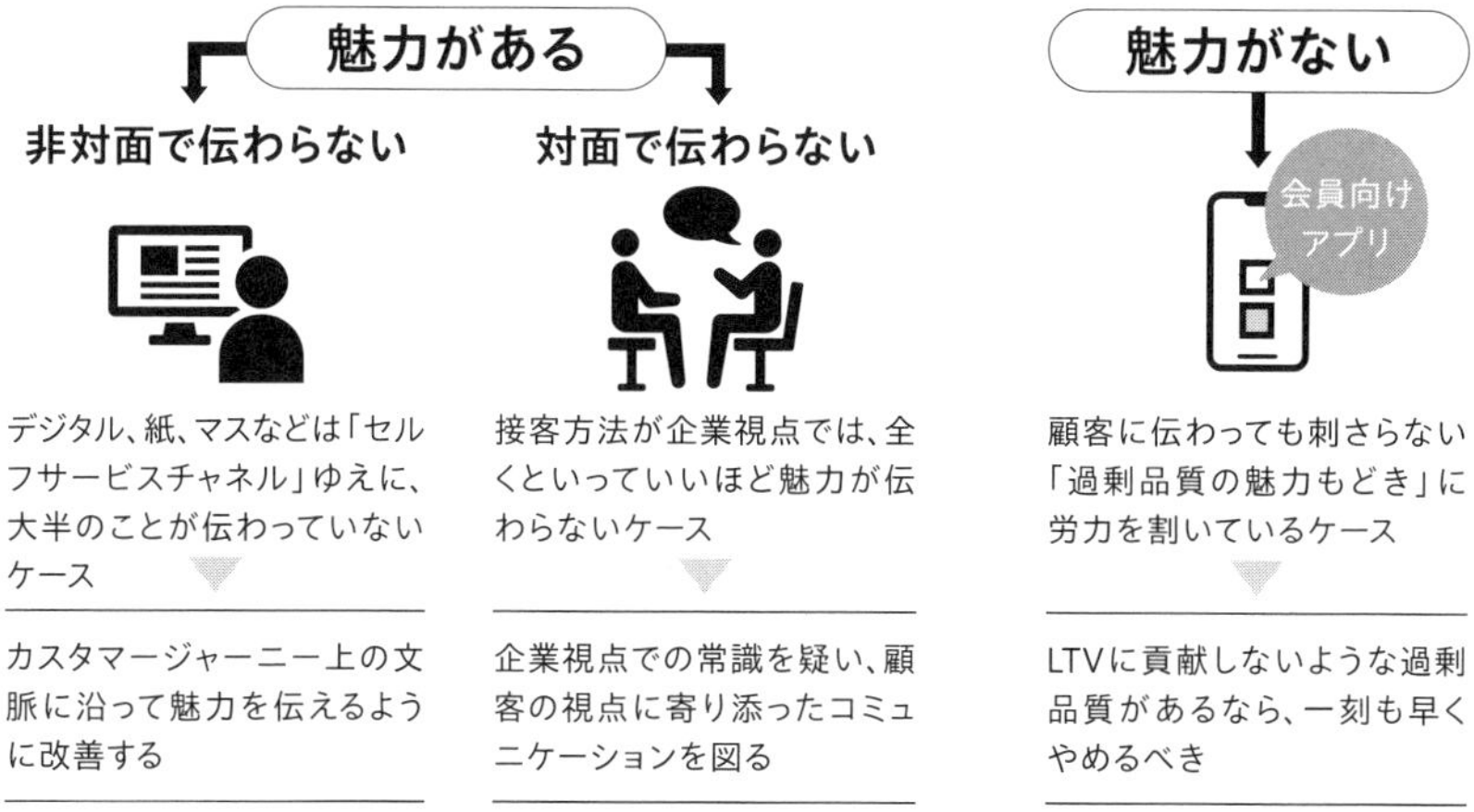

ます。企業視点での常識を疑い、顧客視点に寄り添ってコミュニケーションしなければなりません。このボトルネックは、熟練の営業担当者ほど頻発します。顧客側が求めていることと、企業側が伝えたいことは、大きく乖離（かいり）しています。

３つ目は、顧客に伝わっても刺さらない「過剰品質の魅力もどき」について言及します。１〜２つ目のケースで魅力がいかに伝わりづらいかという話をしますが、ここでは仮に伝わったとしても全く刺さらないケースを紹介します。顧客が魅力だと感じず、ＬＴＶに貢献しないような過剰品質があるなら、一刻も早くやめるべきでしょう。

これらのボトルネックがなぜ発生するのか、どのように解決するのか、ということについて、具体例を交えて説明していきます。

4-2 非対面の接客 文脈に沿って端的に伝える

まず紹介するのは「非対面」のコミュニケーションにおいて、顧客が知りたいと思っていること以外は、どれだけ魅力的な情報であろうとなかなか伝わらないというボトルネックです。第2章でもコンビニのアプリを使いこなせる人が少ないという事例を紹介しましたが、これを包含するパターンです。

最初に「非対面」のコミュニケーションは、「セルフサービスチャネル」の特性を持つということから解説します。

セルフサービスチャネルとは、文字通り顧客が1人で勝手に使う媒体です。「対面」の営業担当者と対比した際の制約を、1つずつ説明していきます。

1つ目の制約は、説明できる情報の「幅」が狭いことです。営業担当者なら、顧客があまり興味を示さない情報でも伝えることができます。最初は興味を示さなくても、巡り巡って顧客に新しい発見をもたらす「啓発活動」ができます。

一方でセルフサービスチャネルは原則として、顧客が興味のある情報しか伝えられません。興味のない情報に対して、顧客は驚くほど目が行かないのです。営業担当者が目の前にいれば、気を使って少しは聞かなければと思うでしょう。しかしセルフサービスチャネルでは、目の前に熱心に話をしてくれる営業担当者がいませんから、気兼ねなく離脱してしまいます。

２つ目の制約は、説明に使える「時間」が短いことです。営業担当者なら、30分～1時間ほど顧客を拘束することができます。営業の説明がつまらなかったとしても、顧客が怒って途中で離席するというのはまれでしょう。

一方でセルフサービスチャネルの閲覧時間は長くても5分です。興味を持って見てくれる時間は、Webサイトなら1分前後、チラシなら数十秒、テレビCMなら数秒です。セルフサービスチャネルは伝えられる情報量が限定的です。

読まれない生命保険の「請求勧奨」、顧客にうまく伝えるには

ここで1つ事例を挟みます。どれくらいセルフサービスチャネルが伝わらないかということを、生命保険の「請求勧奨」を例に紹介しましょう。

請求勧奨とは、医療保険を例にすると、手術や入院をしたにもかかわらず、保険の請求を忘れてしまっている人に、「ちゃんと請求して給付金を受け取ってください」と伝えることです。特に、日帰りの手術など、患者本人も保険の請求対象だと気付きづらい治療のときに発生しやすいといわれています。

保険会社は、金融庁から請求勧奨を徹底するように指導されています。そのため、保険会社にとっては、一見すると損をしそうな請求勧奨ですが、積極的に顧客に伝えようとしています。

しかし、この請求勧奨が、驚くほど顧客に伝わりません。ここでは毎年郵送されている「契約内容確認の冊子」を例に、請求勧奨がいかに顧客に伝わらないかを説明していきます。

ある生命保険会社の「契約内容確認の冊子」には、5枚くらいの資料が入っていました。その中の1つに請求勧奨の説明資料がありました。しかしこの資料は、表紙だけちらっと見られると、中身はほとんど見られず、即座にゴミ箱行きになります。この資料は、顧客にとって自分が求めている情報ではないと、即座に判断されるのです。

顧客が求めているのは「自分の契約内容」が記された紙だけです。1年に1回、自分の保障内容をさらっと確認し、「ちゃんと保険に入っているな」と安心するのです。あたかもお守りを眺めるような「安心の確認」だけが、この冊子を通じて顧客が求める唯一の体験です。人によっては、この自分の契約内容の資料だけを取り出して、重要書類をまとめているフォルダーに保管します。

書類を複数枚に分けていると、顧客は自分の契約内容の紙しか見ません。そこで解決策として、自分の契約内容の紙の中に、請求勧奨の情報も入れ込むパターンの資料を作成してみました。このときは、自分の契約内容が書かれているすぐ横に「請求できる可能性があります」というコンテンツを記しました。

このように、顧客が絶対に見る動線上に、見せたいコンテンツを配置するのは、セルフサービスチャネルの改善方針としては王道です。顧客が興味を持っている部分のできるだけ近くに、できる限り似通ったデザインで配置します。紙でもＷｅｂでも、非対面コミュニケーションであれば全て同じ方法が有効です。

しかし、この施策は失敗に終わりました。請求勧奨を顧客の視線の通り道に置いたことで、確かによく見てもらえるようにはなりました。この点は成功だったといえます。しかし、せっかく見てもらえた請求勧奨の意味が、顧客には全く伝わらないのです。顧客はこの請求勧奨部分を見て、「保険会社の営業ですよね？」と誤解したのです。

顧客からすれば「保険会社が損をするようなことを、わざわざ通知してくるわけがない」という思い込みがあります。資料の中で「請求できる可能性があります」と言われると、何か裏があるのでは……と勘繰ってしまうのです。「もっと請求できる幅が広がる、保障が手厚くて、価格も高い保険に切り替えたらどうですかっていう営業ですよね？」と顧客インタビューで言われた時は、衝撃を受けたものです。

この後、私が顧客インタビューで請求勧奨について、懇切丁寧に数分かけて説明すると、被験者はようやく理解して納得します。「なるほど、わざわざ請求できないか教えてくれるなんて親切ですね。保険会社への印象が非常に良くなりました」とうれしそうに言って帰っていきます。このように請求勧奨は伝われば、ＬＴＶを向上することが分かっていますが、非対面で伝えることが非常に難しいコンテンツの１つです。

この後も様々なパターンの資料を試しました。その中でも、営業感を全く感じさせないような事務的なデザインにすることで、ようやく請求勧奨が伝わるようになってきました。非対面でのコミュニケーションを成立させるためには、こうした地道な動線とデザインの改善が不可欠です。

ここまで生命保険の事例から、セルフサービスチャネルではいかに魅力を伝えづらいかを説明してきました。顧客は自分の興味のある部分だけを、わずかな時間でつまみ食いしていきます。さらに、自分の思い込みフィルターを通して見ているため、企業側の思いがなかなか伝わらないのです。

微妙なニュアンスが伝わらないセルフサービスチャネル

セルフサービスチャネルの制約に話を戻します。３つ目の制約は、対面と比べて微妙なニュアンスが伝わりづらいことです。営業担当者ならば、何度も言葉を言い換えたり、表情を変えたりして、ニュアンスを伝え切ることができます。しかしセルフサービスチャネルでは、知らないうちに間違ったニュアンスで伝わり、顧客を不快にさせることがあるのです。

先ほど紹介した請求勧奨が営業だと勘違いされたのも、微妙なニュアンスが伝わらないことによるものでしょう。ここではもう一つ「安全運転を促進するアプリ」で、ニュアンスがうまく伝わらなかった事例を紹介します。

この「安全運転アプリ」は、ドライブレコーダーやスマホ自体の機能で、急停車、急発進、急ハンドルなどを検知し、運転を採点してくれます。安全運転意識の高いドライバーが、運転した後に危険な箇所を振り返るという目的で使っています。

図表12　セルフサービスチャネルの制約

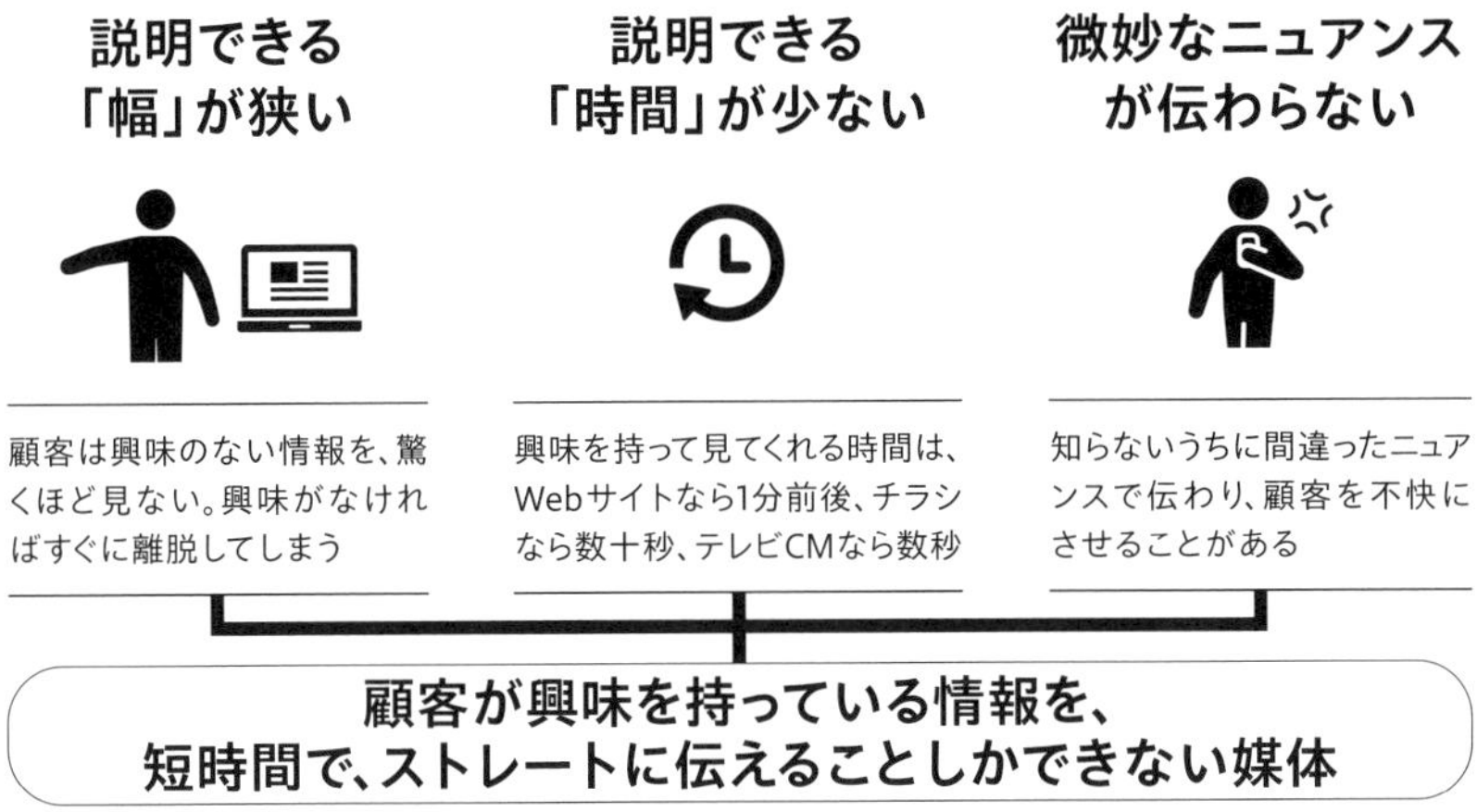

しかしこのアプリは、やや判定が厳し過ぎる問題がありました。例えば山道を運転すると、安全にカーブを曲がっているにもかかわらず、急ハンドルの判定が出ることがあります。他にも、わずかな急停車にも敏感で、容赦なく点数を下げてきます。その結果、ユーザーはこのアプリから「いつも怒られている」という印象を受けていたのです。

顧客インタビューでも被験者の一部は「せっかく安全運転をしているのだから、もっと褒めてほしい」と発言していました。このアプリは、非常に無機質な管理画面のため、褒める・叱るといった感情的な表現が一切ありません。ただ単純に、危険運転を検知した箇所と、それによる減点を表示するだけです。このシンプルなUI（ユーザーインターフェース）が、ユーザーに「いつも怒られている」という不快な印象を与えてしまっていたのです。

このように意図していないニュアンスが勝手に伝わってしまう可能性がある点も、セルフサービスチャネルでは考慮しなければなりません。

ここまで「セルフサービスチャネル」の制約を3つ紹介しました。1つ目は説明できる情報の「幅」が狭いこと、2つ目は説明できる「時間」が短いこと、3つ目は微妙なニュアンスが伝わらないことです。一般的なセルフサービスチャネルとは、顧客が今まさに興味を持っている情報を、短時間で、ストレートに伝えることしかできない媒体なのです。

しかし、企業側はセルフサービスチャネルにできることの見極めが甘く、商品の魅力が全く伝わらないというボトルネックが発生するのです。

リッチなコンテンツほど顧客にスキップされてしまう

1つだけ例外を紹介すると、書籍や長尺動画など、接触時間が非常に長いセルフサービスチャネルは、ここまでの制約を受けないことがあります。しかし、顧客の興味関心度合いが、かなり高くないと顧客に見てもらえないため、利用できるシーンは限定的です。

企業側は「動画にすれば見てもらえる」「コンテンツをリッチにすれば見てもらえる」という幻想を抱いていますが、そんなことは全くありません。むしろ、リッチなコンテンツほどスキップされる傾向すらあります。

動画を作っても、思い通りには見てもらえなかった、という事例を一つ紹介しましょう。医療用医薬品の業界では、新薬の情報を届けるために、非常にリッチな講演動画を作成します。その動画を医師向けメディアに掲載して、新薬を処方する医師を増やしたいという考えです。

医師の日中は診療で忙しく、動画を見る時間がありません。動画を見るとすれば、日中の業務が終わって、病院で雑務をこなす夕方から夜になります。この時間は他にもやるべき仕事が多数あるため、医師は皆イヤホンを付けて、動画を「聞き」流しながら、別の作業に没頭します。映像は一切「見ず」に、動画を「聞き」流すことで、最新の情報にキャッチアップしているという安心感を得たいのです。もはや作業用ＢＧＭといったほうがイメージしやすいでしょう。たまに、音を聞いている中で、新薬のエビデンスを示す表が映像に出ていそうなときだけ、ピンポイントで見ることはありますが、大半は音だけを消費します。

動画を作っている医薬品メーカーからすれば、映像と音をセットでじっくり見てもらえる前提でいるでしょう。しかし、現実は音のみを話半分に聞いているだけなのです。それならば、映像に力を入れるのをやめるか、映像まで見てもらえるようにキャッチーな内容にするか、工夫する余地があるでしょう。動画なんて流しても全然伝わらないと割り切って、他の活動に予算を振り替えることも検討すべきです。

このように接触時間が長い動画も、決して万能ではありません。顧客が能動的に興味を持って、じっくり見るようなシチュエーションでもない限り、効果を発揮しないのです。

ある新聞社の失敗。能動的か受動的かで変わる顧客の対応

次に、非対面のコミュニケーションでは、能動的なシーンか、受動的なシーンかで、顧客の見方が大きく変わることを解説します。

能動的なシーンとは、例えば、調べ物のためにWeb検索から様々なWebサイトを閲覧したり、ＥＣで買いたいものを探して決済したりといった、目的達成のために取る行動です。能動的なシーンではじっくり情報を収集しますが、興味のあること以外は一切見てもらえません。

一方で、受動的なシーンとは、テレビを見たり、新聞を読んだり、ＳＮＳを眺めたりなど、与えられた情報を取る行動です。受動的なシーンでは、興味のあること以外にも目を通しますが、流し見のため探索行動に移ることはまれです。

非対面のコミュニケーションでは、今の顧客は能動的なのか受動的なのかを見極めた上で、情報提供しなければなりません。

能動的や受動的の切り替えで失敗していた、ある新聞社の事例を紹介します。その新聞は、紙の新聞としての歴史が長く、近年になって電子版の新聞もリリースしていました。その新聞のコアな読者層は、新聞を隅々まで読んでおり、新聞のコラム名なども熟知していました。新聞は、基本的には1ページ目から順番に読んでいく「受動的」なメディアです。自分の興味があるものだけを読む人はいますが、何か

図表13　能動的／受動的シーンの違い

能動的シーン

調べ物のために検索して様々なWebサイトを閲覧したり、ECで買いたいものを探して決済したりするなど、目的達成のために行動するシーン

じっくり情報を収集するが、興味のあること以外は一切見てもらえない

受動的シーン

テレビを見たり、新聞を読んだり、SNSを眺めたり、与えられた情報を受け取っているシーン

興味のあること以外にも目を通すが、流し見のため探索行動に移ることはまれである

特定の情報を求めて読む人は少ないため「受動的」といってよいでしょう。

この新聞の愛読者たちは、今でも「紙」で読むことが日課になっています。電子版は、紙のおまけくらいにしか考えていません。ただし、彼らはこの電子版に対して大いなる誤解をしていました。私が顧客インタビューで電子版の利用状況について聞くと、彼らは「電子版は、紙よりも情報が少ないのであんまり読まないんですよ」と答えるのです。ちなみに実際は、電子版の情報量は紙の新聞と全く同じです。何なら電子版のほうが、少し過去の記事まで遡って読めるため、情報量が多いともいえます。それなのになぜ、この新聞の愛読者たちは「電子版の情報量が少ない」という誤解をしていたのでしょうか？

答えは「能動的」なユーザーしか使わない「メニュー」の中に、記事が隠されていたからです。

新聞を読むユーザーは「受動的」です。わざわざ自ら情報を探索するような利用シーンではありません。そのため、電子版のハンバーガーメニューの奥深くにある、コラム記事に気付けなかったのです。

顧客インタビューで、「このメニューの中から、紙の新聞にもあるコラムがいくつか見られますよ」と紹介すると、愛読者の人たちは「え、いつも紙で読んでいるコラムのバックナンバーまで全部そろっているなんて知りませんでした。これなら電子版で読みたいです、というか何で隠しているんですか？もったいない！」と言うのです。

受動的な利用シーンにおいて、情報は露出しなければ目に入りません。ＴｗｉｔｔｅｒやＦａｃｅｂｏｏｋの投稿がどんどん流れていくように、紙に載っている記事をどんどん露出していかなければ見てもらえません。能動的な利用シーンで使われるメニューの中では、うまく伝わらないのです。

メニュー構造の悪さにいらだつ「能動的」な顧客

逆に「能動的」な利用シーンにおいて、メニューが整備されていないと、非常にストレスフルな顧客体験になります。ある不動産グループ企業の例で紹介します。

その不動産グループは、注文住宅、分譲マンション、土地活用、中古物件、賃貸など幅広い事業領域をカバーしています。領域ごとに事業部が分かれているため、Ｗｅｂサイトも別々に管理されています。その結果、各領域に入るとメニューやナビゲーションがバラバラで、それぞれの世界に閉じて完結するような仕様になっていました。

しかし、新しい家が欲しいと考えている顧客は、検討初期段階において様々な選択肢を並列で見ています。今ある土地に注文住宅を建ててもいいし、土地を売って別のマンションに住むのもいいし、今は土地を売らずに駐車場にして自分は賃貸に住むのもいい……など非常に幅広い選択肢を持っています。

こうした顧客の状況で、この不動産グループのＷｅｂサイトに入ると、非常に使い勝手が悪いことに気付くでしょう。全領域を少しずつ見て回りたいのに、注文住宅領域に入ったら、もう二度とそこから出ることができません。他の領域に行くには、Ｇｏｏｇｌｅ検索からやり直さなければならないのです。事業領域によっては、そのグループ企業が取り扱っていることにすら気付いてもらえず、チャンスを逃す可能性もあります。

さらに問い合わせ段階でも、まずは注文住宅の資料請求をするかもしれませんが、潜在的には賃貸や土地活用や、その他色々な領域に興味を持っている可能性があります。本来は興味のある領域について全ての問い合わせをもらい、その中から最適な提案ができると良いのでしょう。しかし事業部が縦割りになっているため、複数の領域に対して同時に問い合わせることができないのです。何という機会損失でしょうか……。

このように能動的な利用シーンでは、回遊性を高めるメニューの整備が非常に重要なトピックになってきます。受動的な利用シーンのように、だらだらと長い説明が羅列されても迷惑なだけです。欲しい情報にピンポイントで遷移できるナビゲーションこそが求められるのです。

ここまで非対面の「セルフサービスチャネル」が、いかに魅力や必要な情報が伝わりづらいかということを説明してきました。常に顧客には情報が伝わっていないだろうという前提に立ち、定期的に顧客調査を実施することを推奨します。

特に下記のようなケースでは、顧客に見せたい情報が伝わっていない可能性が高いため、注意が必要です。

- **目を引けていない**
- **見せたい情報への動線が後付けで取って付けたようになっている**
- **見せたい情報がメニューの中に隠れている**
- **見せたい情報が顧客の興味と少しでも乖離している**
- **情報量が多過ぎる**
- **伝えたい情報が見出しだけ（12文字程度）で説明できていない**
- **動画や長文など時間がかかる手段で伝えようとしている**

どうしても伝えたい情報の「量」が多い場合は、対面コミュニケーションに切り替えることも検討すべきです。前述した生命保険会社の請求勧奨の事例は、営業担当が対面で伝えることで信頼の獲得にもつながります。無理に非対面にこだわらなくてもいいのです。

4-3 対面の接客 顧客視点から演出を考える

ここまで「非対面」のセルフサービスチャネルがいかに伝わりづらいかという説明をしてきました。しかし、「対面」であっても顧客に伝わりづらいケースがあるというのが次のテーマです。

対面接客においても、顧客視点が欠如すると正しく魅力が伝わりません。実はプロフェッショナルな接客でも、企業視点が強過ぎて、顧客の満足度を下げていることがあります。

対応が「スゴ過ぎ」て顧客から評価されなかった保険代理店

ある保険会社の接客を例として紹介します。この保険会社は、自社商品の営業や手続きを、様々な販売代理店に委託していました。販売代理店の中には、お客さまを大切にする接客にこだわりを持つ会社もあれば、短期的な売り上げ主義で接客は二の次という会社もあり、接客スタイルは様々です。こうした多種多様な販売代理店の中でも、特に接客に力を入れており、顧客の「信頼」を第一に掲げるほどの「フラッグシップ代理店」がありました。

ある時、こうした販売代理店別にＬＴＶや満足度を計測する顧客調査を実施しました。そのフラッグシップ代理店は、恐らく圧倒的なＬＴＶや満足度の高さをたたき出すだろうという前評判がありました。しかし、結果は他の代理店と大差ない数値だったのです。他の代理店に比べて明らかに接客にこだわりを持っているにもかかわらず、それがなぜ顧客に評価されていないのでしょうか？　顧客調査結果を深掘りしたところ、面白いことが明らかになりました。

満足度が低い原因は、プロフェッショナルな対応を追求するあまり、顧客が気付かないうちに、最速で様々な手続きをしてしまっていたからでした。むしろそれが逆効果で、顧客からは「何もしてくれない」と認識されていたのです。例えば、住所変更だけを目的に訪れた顧客に、さりげない会話から他に必要な手続きはないか、請求の漏れはないかなどを確認していました。しかし、対応が「さりげなさ過ぎて」、こうした確認をしてくれたことに顧客は気付けていませんでした。

この調査結果を基に、そのフラッグシップ代理店ではあえて「これから手続き漏れを確認しますので、一緒にチェックリストを確認しましょう」と告げてから、手続き漏れの確認をするようになりました。「さりげなさ」を捨てて、あえて「大げさ」な演出を加えることにしたのです。

この接客方針の変更によって、後日実施した顧客調査では「ちゃんと手続き漏れを確認してくれた」と回答した人数が増え、満足度やＬＴＶも向上する結果になったのです。

こうした事例のように、顧客から見える世界を踏まえると、接客方針を大きく転換したほうが良いケースが見つかります。

医師に正確な情報を伝えられない製薬会社の営業の悩み

顧客の状況を踏まえて接客するというのは、営業現場でも同様です。ある新しい薬を、MR（営業担当）が医師に説明する現場を例に説明します。

MRは自社の薬の処方拡大を目的に、病院やクリニックの医師のところに定期的に訪問します。MRからすれば、日々通って薬の説明をしているので、医師たちは薬について理解してくれていると思いたいものです。しかし医師に対してインタビューをしたところ、薬に対する理解度があまりに低いことに驚かされました。

まず一番理解されていないのは、薬の価格でした。色々な制度を利用すれば月額1万円程度で使える薬なのですが、医師たちに聞いたところ月額5万〜10万円くらいと答える方が多かったのです。「月額10万円の薬なので患者には勧めづらいんですよ」という医師の発言に、そのインタビューの様子を見学したMRは頭を抱えていました。

それでは、なぜ価格の誤解という初歩的な課題が生まれたのでしょうか？　その理由は、医師の置かれた状況を踏まえれば一目瞭然です。

まずMRの定期訪問とはどういったものか、蓋を開けてみましょう。訪問とはいうものの、膝を突き合わせて1時間も商談ができるといったことはほとんどありません。医師が廊下を歩いているときに、数分話しかける機会があった、くらいのこともしばしばです。1回の訪問で伝えられる情報は本当にわずかなものです。医師からすれば、たまに会ったときに断片的な情報を聞かされても、営業の話だけでその薬品に関する体系的な情報を得るのは難しいでしょう。

さらに新規営業をかけるほどの新薬ともなれば、患者に処方する機会もそれほど多くありません。数百人の患者のうち、１人に処方するかどうかといったレアケースです。そんなレアケースでしか使わない薬について、日ごろから詳しく理解していられるわけがありません。１年に１回しかやらない確定申告の手続きで、毎回やり方が分からなくなるのと似たようなものです。そんなレアな薬が、月額いくらかだなんて覚えているほうがおかしいというものです。

もし価格に対する理解がボトルネックなのだとしたら、廊下ですれ違いざまに、薬の価格を何度も伝えるべきでしょう。

対面でのコミュニケーションは、非対面に比べて容易に商品の魅力を伝達できます。しかし顧客の状況を踏まえて接客しなければ、正しく価値が伝わりません。今の接客スタイルが顧客から見てどのように映っているのか、定期的にチェックすることをお勧めします。

4-4 過剰品質の魅力もどき LTVに貢献しないおもてなしはやめる

本章では、顧客に魅力が伝わらないというAttractのボトルネックを解説してきました。ただ、そもそも伝えたいと思っている「魅力」が、顧客の求めているものと「ずれている」ケースもあります。企業は思い込みだけでサービスや機能を改悪し、LTVに貢献しないばかりか、顧客体験を悪化させることがあります。

何が目的？　機能過剰で使い勝手が悪いホテルのアプリ案

例えば「アプリ」は典型的な過剰機能の巣窟になります。ホテルを運営する企業が、顧客向けのアプリを企画するブレストに参加したときは、様々な意見が飛び交いました。ホテルでの滞在中に使う機能だけでも、下記のようなものが出ました。

・スマホがルームキーになる機能

・ホテルへのアクセス方法を地図で表示する機能
・室内の照明や空調をコントロールする機能
・部屋の枕の交換を依頼する機能
・アメニティーの追加や交換を依頼する機能

これらは、既に他社アプリで実装されていた機能でした。本書の読者の皆さんがホテルの顧客だったとして、どれがあればうれしいでしょうか。私自身は、このブレスト会議に参加しながら「正直どれもいらないなあ……」と思って聞いていました。

そこで実際にこれらの企画を顧客アンケートにかけてみたのです。その結果、やはりどれ一つとして、顧客にとって魅力がないことが明らかになりました。

ルームキーはスマホである必要がありません。既存のプラスチックのカードキーでも、財布に難なく収まります。それよりも、わざわざアプリをダウンロードし、会員登録してルームキーにするほうが大変です。

ホテルへのアクセス方法は、スマホに最初からインストールされている地図機能で事足ります。わざわざホテルのアプリ内に作る必要などありません。顧客もホテルのアプリを起動する前に、反射的に既存の地図アプリを開くでしょう。

室内の照明や空調は、室内にいるならアプリを起動するよりも、室内のボタンを押すほうが簡単です。

室外にいるならアプリでしかコントロールできませんが、そもそも室外にいながら照明や空調を設定したいというニーズがありません。

部屋の枕交換や、アメニティーの追加・交換は、フロントに電話すれば終了です。わざわざアプリから依頼する必要はありません。深夜帯でフロントに電話がつながらないなら使えるかもしれませんが、そういうホテルはアプリであっても深夜は受け付けてくれないことが多いでしょう。

このように会議室で「アプリでできそうなこと」というテーマでブレストしたものは、ことごとく顧客に受け入れてもらえませんでした。

それでは、顧客はホテルのアプリに対して何を求めているのでしょうか？

端的に言えば、頻繁にリピートするユーザーが「ポイントカード」と「スムーズな予約」のために使います。

まず、そもそもアプリというのは、高頻度に使われるもの以外は消されます。皆さんのスマホ画面を見ていただいても分かるかと思いますが、めったに使わないものは削除されるか、フォルダーの奥底に封印されます。

わざわざホテルのアプリを残しているユーザーというのは、そのホテルに高頻度で泊まるヘビーリピーターであることを認識しなければなりません。ヘビーリピーターは、毎回同じ宿に泊まるときの「予約作業」を一瞬で終わらせたいと思っています。そのためには、無駄な機能をそぎ落とし、予約完了までの動線を最短にしなければなりません。余計な機能を増やせば増やすほど、このスムーズな予約体験から遠ざかる可能性があります。

さらにヘビーリピーターにはポイントがたくさんたまっています。プラスチックのポイントカードでも構わないのですが、なくしたり忘れたりする可能性があるため、スマホに入っているほうが少しだけ安心です。

これ以外の機能がホテルのアプリに求められることはありません。予約とポイント以外の機能はほとんど使われず、ＬＴＶにも貢献しません。できるだけ機能をそぎ落としたシンプルなアプリこそが、顧客の求める理想形なのです。

補足すると、ホテル側としてはプッシュ通知機能も必要です。売り上げを増やしたいタイミングや、空室を埋めたいタイミングで、ヘビーユーザーにクーポンを発行します。顧客側も発行されたクーポンは喜んで使います。

このアプリの事例のように、顧客視点が欠如したまま機能やサービスを追加しようとすると、ほぼ１００％の確率で改悪が起こるため、注意が必要です。

何となくの「おもてなし」が生み出す〝廃虚〟

顧客視点なきコンテンツの量産も危険です。コンテンツを量産したところで、ＬＴＶを損なうことはありません。しかしLTVに貢献しないことに工数とコストを投下することは害悪といえるでしょう。

例えば、ある部品メーカーのBtoB企業は、WebサイトにPDFのカタログを掲載していましたが、そのカタログと同じ情報をWebページにも載せていました。わざわざカタログをダウンロードしなくても、Webサイト上で見られるように、という親切心で作ったものです。部品の数は数万点ではくだらないほど多いため、初期制作コストはもちろん、運用コストもばかになりませんでした。

しかし顧客調査の結果、顧客はこれらのWebページをほとんど閲覧しないことが分かりました。顧客はPDFのカタログまで迷わず一直線に遷移し、それをダウンロードして閲覧するのです。印刷して読む人もいました。カタログに慣れているユーザーは、Webページだと網羅性が損なわれているように感じるのです。

この企業のWebサイトには、他にも若手エンジニア向けの勉強コンテンツなどが掲載されていました。しかし、これらもほとんど見られていません。顧客インタビューで無理やりエンジニアの方に見てもらうと「確かにこういうのがあると若手は勉強になるかもしれませんね……。ただこの会社のホームページにこんな情報があるということに気付かないので、恐らく見ないでしょうね。分からないことがあれば、普通に検索エンジンを使うと思います」と言っていました。

カタログを焼き直したWebページも、検索エンジンで上位表示されるのであれば、新規顧客を集客できる可能性があります。しかしカタログをそのまま掲載したところで、検索エンジンには評価されません。検索エンジンで上位表示させたいなら、最初からその目的でコンテンツを設計しなければならないのです。

何となくの「おもてなし」感覚でコンテンツを量産したところで、誰にも見られない〝廃虚〟にしかならないのです。

顧客視点の欠如が無駄なサービスを量産させる

商品そのものについても、顧客視点の欠如したサービス追加は、避けるべきです。

前述した「キャンセル保険」を例に説明します。キャンセル保険は、旅行の宿や交通のキャンセル料を補償する保険です。宿を予約する直前というタイミングを狙うことで、加入数を増やせます。

しかし、私がキャンセル保険の案件に関わった際、最初に議論されていたのは「キャンセル保険にどのような付帯サービスを付けると申込数が増えるか」というテーマでした。ポイント付与、宿のコーヒー1杯無料など、キャンセル保険に入ることで得られる追加サービスは何が必要かというブレストをしていました。

しかしこれも顧客調査にかけると、顧客は付帯サービスなど一切求めていないことが分かります。しかも顧客はキャンセル保険そのものにさほど興味がなく、予約のタイミングで提示されれば、何となく入る程度の存在です。キャンセル保険は、前述した通り「提示するタイミング」が全てであり、その商品性は二の次、三の次なのです。

顧客が何を求めているか分からないときは、これまでのボトルネック同様に顧客調査にかけることをお勧めします。特に商品やシステムの開発には、かなりの時間とコストがかかります。要件定義のタイミングで間違った方針にならないように、顧客視点を入れるべきです。

他にも、過剰な時間やコストを投じている施策があれば、定期的に点検すべきです。運用中の施策を「やめる」ことは難しいでしょう。しかし、顧客調査を通じてLTVに効かないことを「証明」できれば、関係者を説得できるはずです。

最後に、無駄なおもてなしについて解説した『おもてなし幻想 デジタル時代の顧客満足と収益の関係』（実業之日本社）という書籍を紹介します。それは監修者である神田昌典さんによる、日本の「おもてなし」は、単なる「おせっかい」だった？という挑戦的な一文から始まります。内容はタイトルの通りですが、本書の思想とも通じる点が多く、皆さまにお薦めしたい1冊です。

本章のまとめ

- 「Ａｔｔｒａｃｔ（引き付ける）」のボトルネックは「魅力的な商品」や「おもてなし」が足りないという話ではない。既に備わっている魅力の大半が顧客に伝わっていないため、それらを正しく伝えるべきだという提言である。
- 「Ａｔｔｒａｃｔ（引き付ける）」のボトルネックは、非対面コミュニケーション全般で発生しやすい。ただし対面でも顧客視点の欠如によって発生する。そもそも魅力がない情報を伝えようとしているケースにも注意する。
- 非対面コミュニケーションは、「セルフサービスチャネル」ゆえに、大半のことが伝わっていないという前提に立たなければならない。セルフサービスチャネルは、説明できる「幅」と「時間」に制約があり、微妙なニュアンスも伝わらない。さらに顧客の行動シーンが「能動的」なのか「受動的」なのかによっても、伝え方を変える必要がある。

- 対面でのコミュニケーションは、非対面に比べて容易に商品の魅力を伝達できる。しかし、顧客の状況を踏まえて接客しなければ、正しく価値が伝わらない。プロ気取りで自己満足の接客や、顧客にとって無関心な情報のゴリ押しなどに注意する。
- 顧客に伝わっても刺さらない「過剰品質の魅力もどき」は一刻も早くやめるべきだ。特に商品やシステムの開発には、かなりの時間とコストがかかるため、要件定義のタイミングで間違った方針にならないように、顧客視点を入れる。

第 5 章

「Sense（検知する）」のボトルネック

接点不足で顧客状況が分からない

5-1

「Sense（検知する）」のボトルネックのおさらい

この章では「Sense（検知する）」のボトルネック解消方法を考えていきます。

Senseとは、顧客の状況を日常的に把握し、ニーズの発生を検知することを指します。顧客の個人情報と、クッキー（Cookie）情報（1st Party）などをひも付けて、生涯にわたり顧客の状況を把握し続けます。顧客の日常を正しく把握し続けるためには、顧客との接点を増やす努力が不可欠です。ただし顧客ニーズを満たさない囲い込みは失敗しますし、目的もなく集めたデータが使いものにならないことは、第1章で記した通りです。企業が取得すべきデータの洗い出しと、そのデータを取得するための顧客接点創出の両方が不可欠です。

ここからはSenseがボトルネックになりやすいケースと、その対応策を紹介していきます。

1つ目は、顧客情報の未取得です。昔からビジネスをしている企業ほど、いまだに顧客情報という何より重要なデータを軽視する傾向があります。顧客情報と連絡先がなければ、顧客と継続的に接触できません。LTV向上における必須データです。どんな事情があっても必ず取得するように心がけます。

図表14　「Sense（検知する）」がボトルネックになりやすいケース

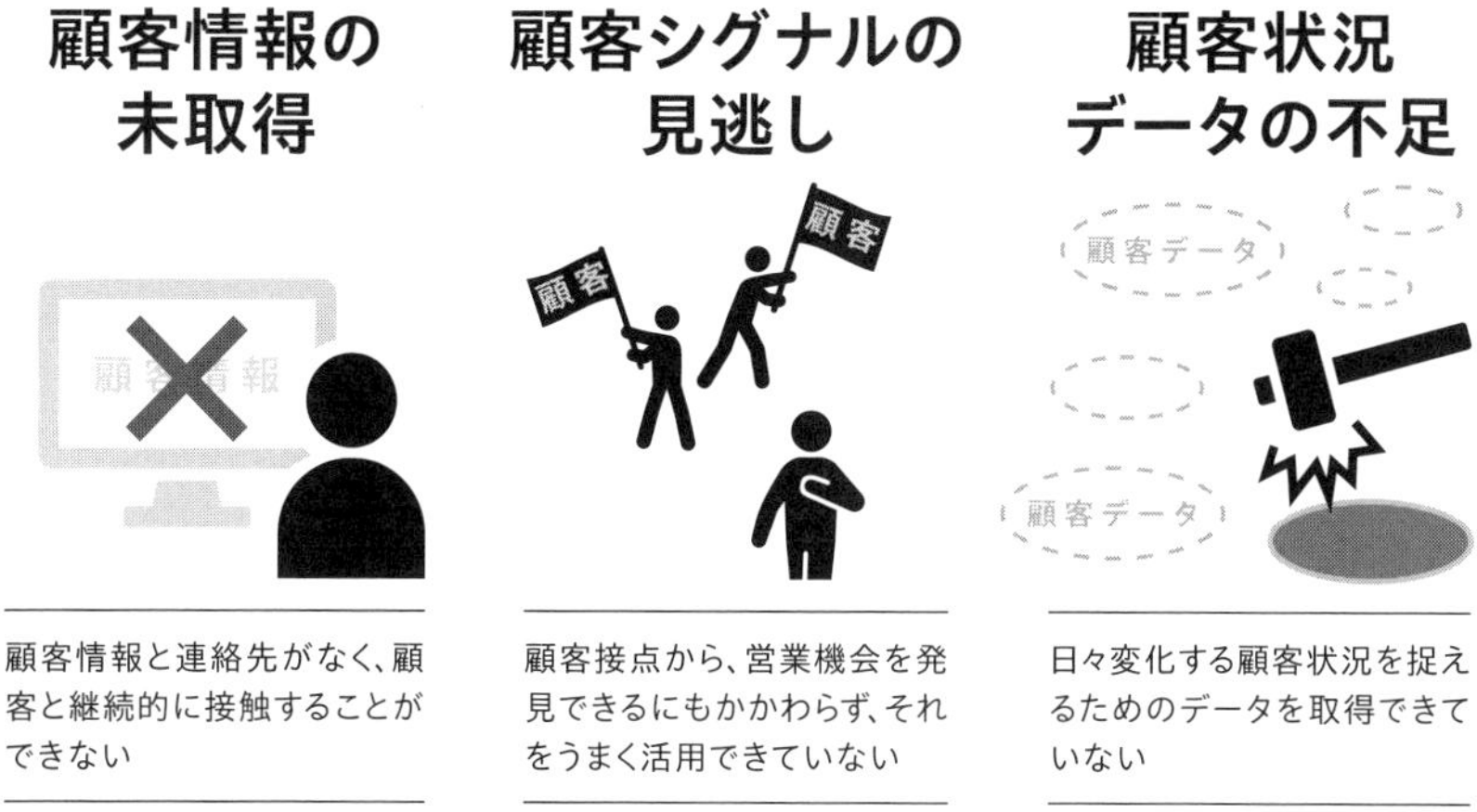

２つ目は、顧客シグナルの見逃しです。顧客接点から営業機会を発見できるにもかかわらず、それをうまく活用できていないというケースです。この場合、顧客接点上に正しくシグナルを検知するための仕掛けをつくらなければなりません。さらにそのシグナルを、正しく使えるような組織調整も不可欠です。

３つ目は、顧客状況データの不足です。日々変化する顧客状況を捉えるためのデータですが、大半の企業において正しく取得できていません。顧客状況データを取得するためには、新たな顧客接点が必要です。特に何もしなければ顧客との接触頻度が低いビジネスでは、本業周辺で最低限のコンテンツ作成が求められます。

これらのボトルネックがなぜ発生するのか、どう解決するのか、具体例を交えて説明します。

5-2

顧客情報の未取得
ただ貪欲に取得する

ここでいう顧客情報とは、個人を特定でき、連絡可能な顧客データです。最低限必要なのは「氏名」と「メールアドレス」です。メールは連絡手段の中で最も顧客との距離感が遠い媒体のため、高頻度での通知が可能です。送られてきても何とも思わないので、たくさん送っても大丈夫だということです。メールの「配信頻度」と、迷惑だと思って配信を止める「登録解除率」に相関はないというデータもあります。

Ｓｅｎｓｅのためには日常的な連絡が欠かせません。そのために「メールアドレス」は必須で取得すべき項目です。可能なら、連絡手段の増える「電話番号」「住所」「ＳＮＳ」も取得していいでしょう。電話番号は、架電のみならず「ＳＭＳ（ショートメッセージサービス）」も送れます。住所は、コストはかかりますが、反応率の高い「郵送物」を送れます。ＳＮＳは、ＬＩＮＥ、Ｔｗｉｔｔｅｒ、Ｉｎｓｔａｇｒａｍなどでで ＤＭ（ダイレクトメッセージ）を送れますが、高頻度で送るとブロックされやすいため、Ｓｅｎｓｅの目的からすると優先度はやや低めの項目です。

図表15　メールの配信頻度別の各指標

		開封率	クリック率	反応率	配信解除率
全体の中央値		19.23%	1.20%	6.58%	0.10%
配信解除率別の中央値	週に0.5回未満（2週間に1回以下）	20.22%	3.73%	15.91%	0.21%
	週に0.5回以上1回未満（およそ2週間に1回）	18.91%	1.23%	7.88%	0.16%
	週に1回以上2回未満	20.68%	1.22%	5.94%	0.12%
	週に2回以上3回未満	19.36%	1.39%	6.50%	0.07%
	週に3回以上4回未満	20.01%	1.05%	6.96%	0.06%
	週に4回以上5回未満	16.58%	1.13%	7.77%	0.09%
	週に5回以上6回未満	17.29%	1.31%	6.63%	0.02%
	週に6回以上7回未満	14.51%	0.79%	8.70%	0.00%
	週に7回以上14回未満（1日1～2回）	12.96%	0.85%	5.14%	0.03%
	週に14回以上（1日2回以上）	15.79%	0.94%	6.11%	0.06%

※上記の表中、全体の中央値よりもスコアが悪かった部分に網掛けをした。週4回以上送付すると開封率やクリック率が下がる傾向にある。どのスコアもほぼ水準を落とすことがない理想の配信頻度は週2～3回だ
（出所：https://wacul.co.jp/lab/posts/mail-marketing_best-practice_report_2/）

顧客属性は、後述する「顧客シグナル」に使えるなら取得すべきです。とはいえ、無思考に「性別」「年齢」などの属性を取ったところで、何にも使わないなら取得すべきではありません。入力フォームは項目が増えるほど、登録してくれる確率は下がるため、注意が必要です。ＢｔｏＢ企業なら、営業対象の選別のために「会社名」「部署」「役職」などが必要になるケースはあるでしょう。

「顧客情報の未取得」というボトルネックの解決策は簡単で、ただ「貪欲に取得する」だけです。障害になるのは、顧客に何となく遠慮しているケースや、組織調整が何となく面倒なケースなど、「何となく」という理由がほとんどです。いくつか事例を紹介しますが、変な言い訳をせず、確実に取得すべきです。

顧客は必要な情報のためなら会員登録に抵抗感はない

あるＢｔｏＢ企業では、会員登録なしでカタログダウンロードができるようにしていました。月間で１０００件を超えるダウンロードがあるため、会員登録を必須にすれば、登録フォームの通過率を30％として、新たに毎月３００件の顧客情報を取得できる可能性があります。

しかし、この企業が会員登録なしで資料ダウンロードを公開していたのは、競合の影響でした。国内のほぼ全ての競合は、会員登録なしで資料をダウンロードできるようにしていたのです。ただ競合がその仕様にしているからといって、顧客の目にどのように映っているかは把握できていませんでした。本当に競合と横並びである必要はあるのでしょうか？

結論から言えば、顧客は必要なら会員登録でも何でもするということが分かりました。この製造業の顧客はハードウエアエンジニアです。仕事で必要な部材を探しており、それに該当しそうな製品を見つけたとしたら、会員登録が必要でも迷わずダウンロードします。これがそれほど重要ではないプライベートな調べ物なら、面倒で避けることもあるかもしれませんが、仕事であれば抵抗なく登録するのです。

さらに、資料ダウンロードに会員登録が必要であるという仕様は、世の中に普及しています。ある被験者は「資料ダウンロードに会員登録が必要なのは、どこのＷｅｂサイトでもよくあることなので、嫌な感じは全くないです」と話してくれました。確かにこの企業の競合は「会員登録なし」の仕様なのでしょうが、この被験者が別の仕事やプライベートで見るＷｅｂサイトでは「会員登録あり」が普通なのです。狭い視野で競合ばかり見ていては、ＬＴＶ向上の方針を見失ってしまいます。同様にＥＣサイトで会員登録せずに購入できる「ゲスト購入」もお勧めできません。ＥＣサイトの多くはリピートを前提にしたビジネスです。いちげんさんの購入動線をスムーズにするよりも、リピーターとの連絡手段を獲得することを優先度すべきです。

顧客情報の未取得は、リアル店舗でもよく起こります。例えば、ある家具と雑貨を販売する実店舗では、レジで購入した顧客にだけ「ポイントがたまる」という訴求で会員登録とアプリインストールを勧めていました。そうすると、ポイント獲得額の大きい「家具」の顧客は登録し、逆にポイント獲得額の小さい「雑貨」の顧客は登録しないという現象が起こってしまいます。

しかしこの実店舗のＬＴＶを考えれば、低価格帯の雑貨を普段から購入してもらい、数年通った末に高価格帯の家具も買ってもらいたいのです。本当に会員登録して継続接触したいのは、「家具」の潜在顧客である、「雑貨」のお客さんです。さらに高みを目指すのであれば、何も買わずに家具を見て去っていく「ウインドーショッピングの顧客」にこそ、本当は会員になってほしいのです。

安直な施策でもよければ、ウインドーショッピング客へのクーポン提供は有効でしょう。何も買わない顧客に声をかける場合、インセンティブが欠かせません。少しおしゃれなノベルティを配布しても構いません。レジでも、むしろ雑貨を買った人にこそインセンティブを付けなければなりません。購入金額３０００円以下の人限定で、何かをプレゼントするような施策でもいいでしょう。

家具の顧客が会員登録に前向きなのは、見積もりの「待ち時間」があることも影響しています。暇があれば登録するというなら、時間がかからなければ登録してくれる人もいるでしょう。雑貨の顧客には、会員登録に時間がかからないことが分かるような、非常に簡素な入力フォーム、または記入カードを提示できれば、登録の確率が上がります。無理やり会員登録させるのではなく、顧客の状況に配慮し、喜んで会員登録してくれる施策を検討すべきです。

必要な顧客情報の収集を現場スタッフに徹底させる

リアル店舗での顧客情報取得は、現場スタッフによるオペレーションの徹底が不可欠です。ある保険ショップでは、「来店カード」と呼ばれる紙を用意し、そこに顧客自身が手書きするというオペレーションになっていました。来店カード記入の大まかなオペレーションは次の通りです。まず顧客が来店すると、商談用の席に誘導します。来店カードを提示して記入を促しつつ、スタッフは裏手に回ってお茶を用意します。数分後に戻ってきて商談を開始するという流れです。

しかし顧客は手続きに必要そうだと分かると、自分が思う部分にしか記入せず、他を空欄のままにしていることが多いのです。店舗スタッフ側も、空欄があることをとがめず、そのまま来店カードを受け取って終了としてしまいます。その結果、不完全な状態の顧客情報が増えてしまうのです。

こうした記入漏れを防ぐには、まず現場スタッフに顧客情報がいかに重要なのかを刷り込む研修を実施します。来店時の接客が少し面倒になるかもしれませんが、データがなければその後のＬＴＶが大きく損なわれるということを理解してもらいます。

さらに「メールアドレス」など、必要なデータについては店舗スタッフ用の端末で「必須入力」とすべきです。メールアドレスを入力するまでは、次の画面に遷移できず、手続きを始められないようにするのです。さらに言えば、メールアドレスを入力しなかった回数を、毎月店舗内で報告し、評価にまで反映できれば完璧です。それくらい、顧客情報はＬＴＶ向上に不可欠なものなのです。

企業によっては、せっかく顧客情報を取得しているのに、無残にも捨ててしまうというケースがあります。消費財メーカーのキャンペーンでよく見られる現象です。

こうしたキャンペーンでは、毎回新規にサーバーを立てて新たに顧客情報を取得していきます。しかしキャンペーンが終われば、その情報を管理するのが面倒なため、全て捨ててしまうというのです。これでは何のためにキャンペーンをしているのか、全く分かりません。本来は会社全体で使える顧客基盤をつくらなければなりません。過去に登録していたユーザーはログインしてキャンペーンに応募し、新規ユーザーは会員登録してから応募するようにします。確かに、複数のブランドをまたいでこうした顧客基盤を整えるのは、かなり面倒なプロジェクトでしょう。しかしだからといって、多額のコストをかけてキャンペーンを行った後、その対価として獲得した顧客情報を捨てていいはずがありません。

いずれの事例でも「何となく」を理由に、顧客情報を取得していません。ＬＴＶ向上に不可欠な取り組みですので、何としてでも顧客情報取得の体制を整えるべきです。

5-3 顧客シグナルの見逃し
ＣＶを設計して営業につなぐ

顧客情報を取得しているにもかかわらず、顧客の発するシグナルを見逃しているというボトルネックを解説します。

顧客情報を取得しているならば、まずは顧客のシグナルを検知する仕掛けをつくらなければなりません。顧客のシグナルを見つける方法は色々ありますが、一番簡単なのは、一番踏んでほしいＣＶボタンを作って、それを踏んだかどうか計測するというシンプルな手法です。ＣＶとは「Ｃｏｎｖｅｒｓｉｏｎ（コンバージョン）」の略で、ＥＣサイトにアクセスした人が商品を購入した、あるいはセミナー募集のサイトにアクセスした人がそのセミナーの参加を申し込んだなど、デジタルマーケティングにおける「成果地点」を表す言葉です。

カタログのダウンロード、新規と既存顧客をどう見分ける？

ある部品メーカーでは、営業機会を発見するために、ユーザーに「踏んでほしいＣＶボタン」が何なのかを探していました。なぜなら、公式Ｗｅｂサイトには、新規に購入を検討しているユーザーのみならず、既存の購入済みユーザーも訪れるからです。顧客行動によって、この２つを分類しなければならないのです。

例えば、ＰＤＦの「カタログダウンロード」というボタンを押したユーザーでも、新規に購入を検討しているシグナルだとは特定しづらい状況でした。新規に購入を検討するユーザーは確かにカタログをダウンロードします。しかし購入済みのユーザーも、その部品を設計に組み込むに当たって、仕様を確認しようとしてカタログをダウンロードするのです。

それでは新規に購入を検討するユーザーだけを特定するには、どんなボタンを押してもらう必要があるのでしょうか？　その答えは、顧客の行動観察調査によってすぐ明らかになりました。購入を検討するユーザーは、Ｗｅｂサイトの閲覧が終わると、皆一様に「サンプル品」が欲しいと発言していました。つまり「無料サンプル申し込み」や「サンプル品購入」というボタンがあれば、押してくれる可能性が高いのです。逆に、既存顧客は手元に商品がなくても営業担当が持ってくるはずなので、対象から除外しやすくなります。

このように顧客行動を把握し、ビジネスにつながりやすいシグナルを検知できるような仕掛けを用意すればよいのです。

悩ましいマーケティング部門と営業部門の衝突

しかし、せっかくCVを設計したとしても、それらが有効活用されないケースもあります。問題点を端的に挙げれば、営業との連携不足によるものです。詳細は拙著『BtoBマーケティングの定石　なぜ営業とマーケは衝突するのか？』（日本実業出版社）でも書きましたが、そのタイトルにもあるようにマーケティング部門と営業部門の衝突によって発生します。

この衝突はBtoB企業に限らず、営業担当が契約を取るビジネスでは共通の課題です。例えば、自動車保険などでも同様の課題が発生します。多くの損害保険会社にとって、自動車保険の営業を担うのは販売代理店です。自動車のディーラー、保険相談ショップ、個人に近い代理店など様々です。

自動車保険を扱う損保企業の発想では、保険の営業は販売代理店がするもので、損保企業は顧客への営業にかかわるつもりがありません。しかしカスタマージャーニーを把握すれば、そうも言っていられなくなります。

自動車保険を検討するタイミングには、「新規」と「更新」の2パターンがあります。新規は車を買うタイミングで、ディーラーに保険を提案されるものの、もっと条件の良いものはないかと調べることからスタートします。更新は契約中の販売代理店から更新意志を確認する連絡があってから、もっと良いものはないかと調べ始めます。ここから先は、どちらも同じように情報を収集していきます。

情報収集はWebで行われます。「自動車保険」「自動車保険　おすすめ」などで検索し、上位に表示される比較サイトを見ていきます。その際、「安ければ何でもＯＫ」という人もいれば、「事故のときに強い会社がよい」や「大手でないと安心できない」という人もいます。探す基準は何パターンかありますが、その中で２～３社に候補を絞っていきます。

候補が絞られたら、具体的な見積もりがどれくらいなのか調べます。そのために損保企業の公式サイトを訪れるのです。ユーザーは「補償内容」と「保険料」を見積もってほしいと思っています。しかし、世の中にはこうした問い合わせができないＷｅｂサイトも存在します。見積もりまで欲しいという、熱量の高いユーザーが訪れているにもかかわらず、ＣＶボタンすらないのはなぜなのでしょうか？

その理由こそが、営業連携の弱さによるものです。損保企業が問い合わせを受け付けたところで、割り振る先の販売代理店が決まっていません。どこかに優先して割り振れば不公平が生じます。割り振りルール決めの問題でしかありませんが、こうした調整がなされていないがゆえに、発生する機会損失は甚大です。

また損保企業は、わざわざ問い合わせてくるようなユーザーは「訳ありで加入が難しいユーザー」という思い込みがあります。確かに現場ではそういったケースもあるでしょう。しかしＷｅｂを通じて複数社を比較することが一般的な現代において、問い合わせてきた顧客全てをないがしろにするのは、あまりにもったいないと言えます。顧客の見極めが必要なら、問い合わせフォームの項目を工夫し、対応優先度を決めればいいだけの話です。

医薬品メーカーが見逃す「ターゲット外の医師」という存在

医薬品メーカーなどでも、顧客シグナルの見逃しは頻発します。医薬品の営業を担当するMRは、自らが担当するターゲット病院を割り当てられていることがあります。

ターゲット病院とは、自社が売り込みたい薬品を使いそうな患者が多い病院を探して、リストアップしたものです。MRからすれば、自分たちが日々通っている病院の医師が、わざわざ自社のWebサイトなんかに訪れるわけがないと思っています。そのため、顧客シグナルの検知はなかなか活用されません。

確かにMRが日々通っていて、医薬品の情報を十分把握していると思っている医師は、わざわざ医薬品メーカーの公式サイトを訪れません。しかし医薬品メーカーの公式サイトには、少なからず一定の人数が訪れます。わざわざ訪問している人とは、どんな人なのでしょうか？

それは「ターゲット外」の医師です。メーカーから見放された、ターゲット外の医師ではありますが、何かしらの理由があって薬品情報を調べに来ています。患者に聞かれたが即答できなかった、該当する患者が来たが薬品を使ったことがなく提案できなかった、など色々な可能性はあるでしょう。こうしたターゲット外の医師を放置しておいてよいのでしょうか？

そんなことは決してないはずです。医師のほうから興味を持って調べているのであれば、導入してくれる可能性は非常に高いといえます。ターゲット外であろうと、何食わぬ顔で訪問すれば、普段通っている病院の医師よりも熱心に話を聞いてくれるでしょう。

新薬を発売すれば、まずは専門医から攻略していくのが定石です。しかし次第に裾野が広がっていきますので、最終的には地域密着のクリニックにまで情報を届けていかなければなりません。その際、全てのクリニックに足を運ぶのは不可能です。足を運ぶ代わりに「顧客シグナル」を使えばいいのです。

ECサイトのスクリーンショットを「顧客シグナル」に

「顧客シグナル」は、営業に連携するビジネス以外でも使われます。例えば、小売店なら購入意向は高いが、迷っている顧客を後押しすることができます。

日本全国のターミナル駅に店を構える雑貨の小売店の例を紹介しましょう。この小売店が提供するスマホアプリは、ファンのユーザーがポイントカード代わりにインストールしています。加えて、スマホアプリから閲覧できるＥＣサイトには、常に最新のアイテム情報が届きます。このアプリのユーザーは、１日に何度もこのＥＣサイトを開いて、気になる新着アイテムがないかチェックしています。

そして気になるアイテムを発見すると、スクリーンショットを撮ります。実店舗には毎週通っているため、次回訪問したら手に取って見てみようと思っているのです。雑貨は１０００円以下の商品も多く、そのためだけにＥＣサイトの送料を払いたくはありません。このアプリは、現地に訪問した際に買いたいものをストックしておくための〝カタログ〟として機能しているのです。

そこでこの「スクリーンショット」を顧客シグナルに活用します。スクリーンショットを撮ったにもかかわらず、なかなか買わないでいる商品については、いつも通っている店舗の在庫が残りわずかであることを訴求します。売り切りたい場合はクーポンを発行してもいいでしょう。このように、顧客側のニーズたる「シグナル」が取れていれば、いかようにも活用できるのです。

ここで解説した「顧客シグナル」と「顧客情報」をひも付けるには、Cookie情報が必要です。他社データを用いる3rd Party Cookieは規制される方向にあります。一方、自社顧客に閉じた1st Party Cookieであれば、顧客側の利便性も高いため、持続される可能性が高いと私は考えています。

こうした1st Party Cookieを使って、顧客シグナルを取得するためには、「マーケティングオートメーション（MA）ツール」が必要です。MAツールは、しばしばツールを導入すること自体が目的になり、結果的にほとんど使いこなすことができないケースが多いようです。しかし本章にあるように、必要な顧客シグナルを定義し、顧客情報と顧客状況データを取得できていれば、使いこなせる可能性は高いでしょう。

5-4 顧客状況データの不足
顧客が嫌がらない接点を増やす

Senseのボトルネックで最後に解説するのは、顧客状況データの不足です。日常的に顧客が今どのような状況にあるのかを把握するデータは、意識的に取得していなければ不足します。第1章でも説明した通り、意図せずしてたまっているだけのデータでは、満足な顧客シグナルを得ることは難しいのです。

企業が本当に欲しい顧客シグナルは、前述の通り「CVボタンを踏んだ」というデータです。ただ日常的に「CVボタンを踏みませんか?」とだけ連絡していては、さすがに嫌がられてしまいます。第2章でアニメ『サザエさん』に登場する三河屋のサブちゃんを〝Senseの達人〟として例に出しましたが、彼も世間話の相手役足り得るので、勝手口からの侵入を許されているのです。

大切なのは距離感。顧客への連絡は興味・関心の度合いで判断

それでは顧客に嫌がられない「顧客接点」とは何でしょうか？　嫌がられるかどうかは、顧客の興味や関心の度合いによって変わります。

顧客の関心が高いなら、極端に言えばどれだけ高頻度で連絡しても嫌がられません。例えば、プロ野球球団のファンであれば、頻繁に連絡されても嫌がらないでしょう。メールマガジンだろうが、アプリのプッシュ通知だろうが、ＬＩＮＥのメッセージだろうが、スパムでもない限り喜んで受け入れます。

前述したターミナル駅の雑貨小売店でも同じです。アプリをインストールしているのはファンです。新着アイテムが出るたびにプッシュ通知を出せば、喜んで見てくれます。

逆に顧客の関心が低過ぎる場合は、どのような連絡をしても嫌がられます。例えば、大規模な展示会で、大量に名刺交換して帰った翌日に、見覚えのないソリューションベンダーから電話やメールが来たとします。覚えていないし、仕事に関係ないし、興味もないというサービスなら、連絡の仕方によらず無視するでしょう。連絡頻度が高い場合は、かなり嫌がられます。

顧客の関心が高過ぎもせず、低過ぎもしない場合は、顧客接点別の距離感に注意する必要があります。顧客との距離感が遠い接点は、Ｗｅｂサイト、メールマガジン、郵送物などです。顧客側は時間を奪われることもないですし、見たければ見てくださいという顧客接点です。

逆に距離感が近い接点は、訪問、電話、ＳＮＳのＤＭなどです。顧客側は応対せざるを得ないと感じるため、よほど興味のあるテーマでもない限りは、嫌な印象を抱きます。一方で、もし興味を持ってくれているならば、その場で反応が聞けるため、顧客シグナルを獲得しやすい接点でもあります。

上記の特性を理解すれば、普段は距離感が遠いメールやＷｅｂサイトで様子を伺い、顧客が興味を持ちそうなテーマがあるときだけ、訪問や電話をすればよいということが分かります。

再び生命保険の例を出しますが、日常から保険の営業担当が電話をしてくれれば、かなりうっとうしく感じるでしょう。また営業か……と思われては、短期的な売り上げにつながったとしても、LTVにはマイナスです。営業担当が顧客からネガティブな印象を持たれると、ライフイベントの変化とともに、突如解約されることがあります。

一方で、営業担当からの電話でも「必然性」があれば話は別です。前述の「誕生日前に保険料が変わるのでご連絡しました」というトークであれば、必然性がありますし、顧客にとっても有益な情報になります。これを「誕生日おめでとうございます」だけ連絡すると不気味ですし、何か裏があるように思えるのでマイナスの印象を与えてしまいます。

定期的にメールでアンケートを送り、手続き漏れ、請求漏れ、ライフイベントの変化などを把握するのも有効です。アンケートの回答結果をネタに、顧客が興味を持ちそうなテーマで商談を獲得できるでしょう。

顧客に提供するネタがない、さてどうする？

顧客接点を増やしたいのは山々だけれど、ネタがないという話もよく聞きます。特にニュースが少ないビジネスでは、顧客との接点が少なく、顧客状況データが不足します。ECのようなビジネスであれば、新着アイテムが次々投入されるため、それを紹介しているだけでも顧客接点をつくれます。一方で、めったに新製品が出ないメーカーや、先ほどからよく例に出している保険会社などは、顧客に届けられるようなニュースが多くありません。

だからといって、自己満足のメディアサイトを作っても顧客には受け入れてもらえないでしょう。第1章でも紹介した通り、無難でとがりのない情報をいくら提供しても、興味を持ってくれる人はいないのです。コストをかけて顧客接点をつくろうとしても、顧客が来なければ意味がありません。

対応方針としては2通りあります。1つは、顧客との距離が遠い「メール」などの接点を使って、できるだけ時間とお金をかけずに、既存のコンテンツを使い回す方法です。顧客との距離が遠い接点であれば、顧客にとって価値が低めのコンテンツでも、嫌がられる可能性は低いでしょう。既に手元にあるコンテンツや、以前送った同じコンテンツを何度も使い回せばいいのです。

幸い、顧客との距離が遠い接点であれば、顧客も覚えていませんし、気にもしません。2カ月間、ほぼ同じ内容のメールを送り続けても、顧客はそのことに全く気付いていなかったという調査結果もあります。顧客シグナルを検知できるメールを使い回し、顧客側の環境変化があった場合にのみ、開封・クリックしてもらえればいいでしょう。

もう一つは、顧客が求める情報を生み出し、顧客自らが訪問するように仕向ける方法です。例えば、プロ野球球団のグッズのECサイトは、顧客が自ら訪問する頻度を増やすという機能を有しています。EC

サイトは、単純にグッズの売り上げを増やすという目的もありますが、ビジネス全体で考えればファンとの接点を増やし、試合観戦数を増やすという目的も担います。

話題が豊富そうなプロ野球球団とはいえ、ニュースを無尽蔵に増やせるわけではありません。選手の記録を毎週出すことができないからです。一方で、グッズであれば毎週出すこともできます。結果的に、グッズのＥＣサイトに頻繁に訪れるファンを、試合観戦に誘導することも可能です。ＥＣサイトを見ているのに、なかなかチケットを買わないファンに対しては、特別なメールで試合観戦を促すこともできるでしょう。このようにＥＣサイトは、売り上げそのものはもちろんのこと、顧客接点の増加に貢献できる媒体なのです。

顧客自らが訪問するように仕向けるには、コンテンツ作成の手間がかかりますが、色々な会社が実践しています。ＢｔｏＢ企業のセミナーなども同様の目的です。コンテンツを作るなら、必ず顧客ニーズを把握しなければなりません。やみくもにコンテンツを作っても、〝廃虚〟を量産するはめになってしまいます。顧客ニーズがあり、かつ生産に手間がかからず、顧客シグナルまで把握できる接点を考案するのです。もしそういったものが見つからないなら、〝低カロリー〟な「メール」だけにトライするのでも十分有効でしょう。

本章のまとめ

- 「Sense（検知する）」とは、顧客の状況を日常的に把握し、ニーズの発生を検知することを指す。顧客の個人情報と、クッキー（Cookie）情報（1st Party）などをひも付けて、生涯にわたり顧客の状況を把握し続ける。
- 顧客の日常を正しく把握し続けるためには、顧客との接点を増やす努力が不可欠。ただし顧客ニーズを満たさない囲い込みは失敗するのが大半で、目的なく集めたデータは使いものにならない。
- 「Sense（検知する）」がボトルネックになりやすいケースは、「顧客情報の未取得」「顧客シグナルの見逃し」「顧客状況データの不足」の3パターンである。

- 顧客情報とは、個人を特定でき、連絡可能な顧客データのことで、最低限必要なのは「氏名」と「メールアドレス」。顧客属性データも「顧客シグナル」に使えるなら取得すべきだ。
- 顧客シグナルは、一番踏んでほしいCVボタンを作り、それを踏んだかどうかを計測するのが簡単。さらに取得したシグナルを活用し、売り上げにつなげるための社内調整も欠かせない。
- 日常的に顧客が今どのような状況かを把握するデータは、意識的に取得していなければ不足する。顧客接点が少ないビジネスでは、顧客との距離が遠い「メール」などの接点を使って、できるだけ時間とコストをかけずに、既存のコンテンツを使い回す方法が有効だ。

第 6 章

「Trade（商売する）」のボトルネック

遠慮し過ぎてチャンスを逃す

6-1 「Ｔｒａｄｅ（商売する）」のボトルネックのおさらい

この章では「Ｔｒａｄｅ（商売する）」のボトルネック解消方法について考えていきます。

企業は遠慮のし過ぎで営業機会を逃しています。端的に言えば、もっと「売れ」というのがＴｒａｄｅのボトルネックで訴えたいことです。顧客の声に耳を傾けると、意外なほど顧客は営業を期待し、静かに待っているのがよく分かります。Ｔｒａｄｅのボトルネックは、発見さえしてしまえば即座に売り上げにつながり、ＬＴＶが向上します。

第２章では、生命保険で家族を紹介してもらうよう依頼しても、嫌がられることは少ないという例を紹介しました。現状のサービスに満足していれば、少しばかり営業されてもネガティブな感情は抱きません。そもそも顧客側にしてみれば、企業とは「隙があれば営業してくるものだ」と認識しているのですから。ここからはＴｒａｄｅがボトルネックになりやすいケースとその対応策を紹介します。

１つ目は、「既存顧客へのアップセル営業が弱い」ことによる機会損失です。サービスに満足している既存顧客に営業せず、放置していては、顧客視点・企業視点の両面でＬＴＶを損ないます。

図表16 「Trade(商売する)」がボトルネックになりやすいケース

満足した既存顧客へのアップセル営業が弱い	購入を検討している新規顧客への押しが弱い	人間の対面営業が不足している

サービスに満足している既存顧客がいるのに、営業せずに放置していてはLTVを損なう	既に購入を検討している顕在層に対して、控えめな営業をしていては、むしろ不親切な印象を与えてしまう	世の中は、営業パーソンの仕事を減らす方向に向かっている。しかし、人間にしかできない「商売」もある

2つ目は、「新規顧客への押しが弱い」ことによる機会損失を説明します。既に購入を検討している顕在層に対して、控えめな営業をしていては、むしろ不親切な印象を与えてしまいます。顧客にとっても企業にとっても、素早くマッチングしたほうが効率的です。

3つ目は、あえて「人間が対面」して営業することでＬＴＶが向上するケースを紹介します。世間では「営業ＤＸ」などといって、営業パーソンの仕事を減らす方向に進んでいます。しかし、人間にしかできない「商売」もあるのです。

これらのボトルネックがなぜ発生するのか、どのように解決できるのかについて、具体例を交えて説明します。

6-2 既存顧客へのアップセル不足 ただ貪欲に伝える

最初に既存顧客へのアップセルが不足しているため、LTVボトルネックが生じているケースを紹介します。このボトルネックの原因は「遠慮し過ぎ」にります。解決策は「プッシュする」だけなので、もはや語ることは多くありません。しかし実に多くの企業が、このボトルネックでつまずいています。

そこでここでは、あえて様々な具体例を出して、あなたの企業も同じ状況であるという自覚を持ってもらうことに努めます。既に生命保険の事例は出しましたので、もう少し関与度が高く嗜好性の高い商材の例も出していきます。

満足度が高くても「付加価値の高い宿」はリピートされない？

まずはホテル業界の例です。顧客がホテルを選ぶ際、ホテル自体に付加価値を求めるかどうかで二分できます。

ホテル自体に付加価値を見いださない場合は、寝られればよい格安の宿を選びます。格安さは、顧客の所得によって異なります。１泊３万円の宿が格安の宿扱いされるケースもあれば、１泊５０００円の宿に特別な付加価値を期待するケースもあります。ホテル自体に付加価値を見いださないケースでは、最低限の体験が保証されれば、顧客は満足します。清潔感がある、アメニティーがある、他の同レベルの宿より安いなどです。

一方で、ホテル自体に付加価値を期待するというのは、ホテルに泊まること自体がその旅において目的の１つになっているということです。特別な温泉、ラウンジの体験、豪華な食事、感動する接客などを期待しています。ここでは後者のケースについて深掘りします。

この付加価値を期待する宿ですが、実はよほどのことがない限り不満足につながることはありません。宿側も全力でおもてなしに取り組んでいますので、期待値に大きなズレがない限り、お客は良い宿、良い旅だったと満足して帰っていきます。それなりに豪華な施設、それなりに気持ちの良い温泉、それなりに豪華な食事、それなりに丁寧な接客があれば、それほど驚くような体験はなくても人は満足するものなのです。

しかし、たとえ満足したとしても、顧客はなかなかリピートしてくれません。読者の方々も、リピートしている「付加価値の高い宿」を思い出せるでしょうか？　２回くらいならまだしも、４～５回も同じ宿をリピートしているケースはまれかと思います。「格安宿」であれば、立地の良さを理由に何度もリピートすることがあるでしょう。しかし「付加価値の高い宿」は、意外にもよほどのことがない限りリピートされないのです。

こうした状況を背景に「付加価値の高い宿」のマーケティング担当者は、リピートしてもらうために「ロイヤルティープログラム」「データ統合」「ブランディング」を推進します。あれ？ どこかで聞いた話のようです。そうです、第1章で否定した施策群です。リピートしてもらうためにポイントを付与するロイヤルティープログラム、複数回宿泊する顧客に特別な接客をするためのデータ統合、ブランド価値を高めるためのWebサイトや接客の改善にひた走ります。しかし前述の通り、これらでLTVが向上することはまずあり得ません。

より高い付加価値よりも、リピート獲得には「営業」が効く

それではどうしたら良いのでしょうか？ 顧客により高い付加価値を与えるには、どのような対策が考えられるのでしょうか？

実はこの問い自体が間違っています。なぜなら顧客は満足して帰っているからです。これ以上の満足を与えようとすれば、他の宿よりサプライズ感のある施設、食事、接客を用意しなければなりません。不可能ではないでしょうが、途方もないコストがかかるでしょう。さらに投資を回収するために宿泊単価を上げれば、高い価格帯でさらに強いライバル宿が現れます。

リピートを獲得する方法は実はシンプルです。「営業」すればよいのです。顧客は満足しているのです。端的に「次はいつ泊まっていただけますか？」と聞けばいいだけです。接客に特別なこだわりを持つホ

テル業界は、この一言が言い出せないのです。

新潟のあるホテルの例を紹介します。このホテルは、温泉の豪華さ、バスでの長距離送迎に強みを持ち、主に高齢の富裕層を集客していました。この宿では帰りのフロントで、少し時間に余裕がありそうな顧客を狙って、このように営業しています。

「半年後に紫陽花が本当にきれいな時期がありまして、私もいつも楽しみにしているんです。その時期の予約は、普通もう取れないのですが、たまたまご夫婦さま向けのお部屋が少しだけ空いておりまして……。もしよろしければいかがでしょうか？　いつもご宿泊いただいているので、せっかくまたお越しいただけるなら特別な時期にと思いまして」

この提案を聞いて、不快に思う人がどれだけいるでしょうか。温泉と料理に満足して、今から帰るというタイミングです。よほど急いでいない限りは、嫌な思いはしないでしょう。ここで予約するかしないかは人によると思いますが、少なくともネガティブな印象を持たれることは、めったにありません。

さらに驚くことに、このオファーを断った人すら、フロントからの「営業」体験をポジティブに捉えます。宿泊体験において、最も記憶に残りやすいものの1つが「スタッフとの会話」です。チェックイン時のフロントとのやり取りはほとんど記憶していませんが、それ以外のシーンでのちょっとした気遣いは、記憶に残りやすいことが分かっています。こうした「営業」すらも、「スタッフとの会話」として良い印象のまま思い出になるのです。

この新潟の宿は、素晴らしいことに「営業」を断られたとしてもSenseのための一手を繰り出します。

「確かに、紫陽花の時期は間近過ぎますし、さすがにご予定が合いませんよね……。急なお誘い、大変失礼しました。代わりにと言っては何ですが、もしよろしければ、年に数回ある特別な時期のご予定をお知らせしてもよろしいでしょうか？　桜や紅葉の見ごろ、カニがおいしい季節など、お薦めのシーズンがありまして、すぐ予約が埋まってしまいますので。最近ですと、よくお泊まりいただくお客さまには、個別にＬＩＮＥでご連絡することが多いのですが、もしよろしければお友達登録を、お願いできませんでしょうか？」

この流れるような「営業」によって、顧客への連絡手段を取得するのです。その後も接客スタッフが、自分の言葉でＬＩＮＥメッセージを個別に送ります。例えば、特別な時期に限定宿泊枠を紹介します。顧客が宿に泊まるときは、宿泊前後の挨拶から、個別の注文までＬＩＮＥでやり取りします。顧客との距離はどんどん近づいていき、他の宿が追従できないような関係性を構築できるのです。

もちろん宿泊単価が高い宿でしかできないことですが、特別なリピート顧客であれば、これくらいの対応はできるはずです。顧客のシーン次第ですが、「営業」が最もＬＴＶを向上する手段になり、満足度すらも引き上げることがあるのです。

「付加価値の高い宿」であれば、営業してもしなくても、ほとんどがリピートしないのです。それならば、よほど下品にならない限り一度は営業してみたほうが良いでしょう。

「家具」の購入者は、ロイヤルティーの高い顧客ばかり

このホテルの例のようなシーンは、どのような業界でも見られます。次は家具業界で解説しましょう。

とある家具メーカーの話です。30～40代女性をターゲットとしており、そのデザイン性の高さから「憧れの家具」と認識している顧客もいるようなメーカーです。

家具というのは、購入するまでは何度も調べて、迷いに迷った挙げ句に買われる商品です。しかし購入後は、一切家具について調べなくなります。インフルエンザの熱が一瞬で収まるような感じで、家具への情報収集熱は一瞬で冷めてしまいます。

それでも家具というのはかなり高い買い物ですし、よほど商品が粗悪でない限りは、購入後も高い満足度を維持します。それが「憧れの家具」だったらなおさらです。実際に購入した顧客にインタビューすると、憧れの家具への印象は上々です。「毎日使っているテーブルが本当にお気に入りで、買って良かったと思っています」といったうれしい言葉がいくらでも聞けます。しかし、情報収集熱が冷めているため、Web検索はしませんし、店舗からも足が遠のいてしまうのです。

押せばすぐ買うくらい満足度の高い顧客がいながら、この家具メーカーは「営業」することなく、顧客を放置してしまっているのです。総合通販企業からすれば、「家具を買った顧客」は超ロイヤルユーザーです。家具購入をきっかけに、様々な商品のアップセルを試みるシナリオが複数走ります。それほど「家具を買う」という体験は特別なものなのです。

試しに顧客インタビューで「あなたが購入した家具とセットで購入すると、家がオシャレになる商品の情報がメールで送られてきたらどう思いますか？」と聞くと、「すごく気になります……。でもそんなの知ったらまた買っちゃう気がするので、複雑な気持ちです」といった反応が返ってきます。まるで熱湯風呂に自ら飛び込みたいコメディアンのようではありませんか。

家具は購入頻度の低い商材ですが、ロイヤルティーの高い既存顧客を多数抱えているビジネスだと考え直すこともできるのではないでしょうか。

顧客に嫌われたくないなら「応答コスト」を下げる

ここまで、関与度の低い生命保険から、関与度の高い宿や家具まで、「営業」することは、決してネガティブな印象だけを与える体験ではないということを解説してきました。

それではネガティブな印象になるのは、どういう状況なのでしょうか？　営業しても良いという「しきい値」が分からなければ、一歩を踏み出せないという方もいるでしょう。

確かに顧客インタビューをしていて、営業を受けてネガティブな気持ちになったという話を聞くこともあります。例えば生命保険でも、高頻度で自宅まで訪れ、何度も商品を紹介されていた人は、ネガティブな印象を抱いていました。

また注文住宅で、価格を問い合わせると「まずは土地を見せてくれ、価格の見積もりはそれからだ」

という切り返しによって、すぐに訪問しようとしてくる営業担当に対して、ネガティブに反応しているケースも見たこともあります。

顧客が営業に対してネガティブな反応になるかどうかは、これまでの「満足度」の高さと、「顕在ニーズ」の有無と、営業が求める「応答コスト」の大きさによります。「満足度」と「ニーズ」は分かるとして、営業が求める応答コストが何かを、もう少し具体的に説明します。

前述した、何度も家に上がり込む保険営業や、わざわざ土地を見にくる注文住宅営業は、顧客の時間を長く拘束して応答を求めるため、ネガティブな印象を持たれやすいといえます。逆に、新潟の宿が最後に少し〝売り込む〟ケースは時間を取りませんし、家具メーカーが購入後にメールを送るケースは応答すら求めません。顧客側の応答コストが低く済むように設計すれば、ネガティブな印象は発生しづらいのです。

もし安全に振る舞いたいなら、満足度が高いか、ニーズの顕在化している顧客を見つけ出し、応答コストの低い営業を仕掛ければいいのです。ある不動産会社では、定期的なアンケートで、現状サービスの満足度と、アップセル希望のニーズを確認していました。その上で営業しても良さそうな人にだけ、商談してもいいかを確認するメールを送っていました。

ここまで石橋をたたいて渡らなくても大丈夫だとは思いますが、もし不安なら、まずはこれくらい慎重に始めてみるといいでしょう。繰り返しになりますが、顧客の多くは既に満足しており、営業されてネガティブな反応を示すのはまれなことなのです。

6-3 新規顧客への押しが弱い障壁を下げて営業する

既存顧客の次は、新規顧客への押しが弱いために、ＬＴＶボトルネックが生じているケースを紹介します。

新規顧客の場合、既存顧客よりも営業先を絞る必要があります。前述の通り、営業にネガティブな反応を示すかどうかは、顧客の「満足度」「顕在ニーズ」「応答コスト」によって決まります。新規顧客をターゲットとする場合、よほど憧れの強いブランドでもない限り「満足度」の高さを期待できません。そうなれば「顕在ニーズ」がある顧客に、「応答コスト」を下げて対応するのが安全策でしょう。

しかし世の中には、ニーズが顕在化しているユーザを相手にしているにもかかわらず、押しが弱いビジネスをよく見かけます。特に非対面コミュニケーションでは、回りくどい動線によって機会損失が生まれやすくなっています。

お金を借りる人の行動に驚いた消費者金融のマーケティング担当者

カードローンの事例を紹介します。カードローンのターゲットには、初めてお金を借りる人と、追加で借りる人の2パターンがあります。今回は前者の新規顧客をターゲットとします。

初めてお金を借りる人は、偶発的なイベントでキャッシュが足りなくなったことをきっかけに、カードローンに申し込みます。結婚式のご祝儀など交際費、転職による収入減、緊急の引っ越しなどがよく理由に上がります。いずれの利用シーンでも、ニーズはかなり「顕在化」しています。

初めてお金を借りる場合、人には相談しづらいものですし、多くの方がWeb検索からスタートします。「お金借りる」のような平易なキーワードで検索すると、すぐに消費者金融の「比較サイト」が出てきます。お金の借り方は多様ですが、どの比較サイトでも消費者金融を勧めています。これは消費者金融のアフィリエイト報酬が、他業界のローンに比べて大きいからです。ただそんな細かいことを気にしないユーザーなら、自然に消費者金融の中から比較をスタートします。

比較サイトでは様々な比較軸を提示しています。着金までの時間、金利、無利息の期間などの「比較表」で、消費者金融のカードローンを比較できます。いくつかの消費者金融会社は、テレビCMなどで見聞きしたことがある会社です。

ユーザーは複数の比較サイトを見比べていきますが、正直違いがよく分かりません。知名度やスペックに大きな差を見いだせないのです。今回は、借入額が大きくないし、すぐに返すつもりなので、どこでも大丈夫そうだと感じます。ある程度の時間を比較サイトで過ごしたユーザーは、わずかなスペックの差を理由にして、「適当」に1社に絞り込みます。例えば、最短融資スピード「25分」と「30分」を見比べて、少しだけ速い「25分」のほうを選んだりします。

　合理的に考えれば「5分」の差など全く意味がありません。比較サイトで迷っている時間のほうが長いくらいです。それでも他に絞り込む理由が見当たらないため、自分が納得する理由を探すかのように「5分」だけ速い会社を選ぶのです。

　その先は、まさに流れ作業です。公式サイトに飛び、申し込みフォームに必要事項を入力し、本人確認をして、着金するだけです。

　このようなユーザー行動を読んで、違和感を覚えた人はいるでしょうか？　恐らくごく自然な行動のように思えるはずです。しかしカードローン業界のマーケティング担当者に、こうした生のユーザー行動を見せると、驚がくの表情を見せます。なぜなら、普段の仕事で心血を注いでいる領域とは全く関係ないところで、ユーザーの意思決定が行われているからです。

　比較サイトに広告を出すことはできますが、比較サイトの中身まで完全にコントロールすることはできません。これは「Ｍｅｅｔ（出会う）」のボトルネックで解説した、企業のあずかり知らぬところで意思決定がされる典型的なパターンです。

　しかし問題はそれだけではありません。普段心血を注いでいる仕事の一部が無駄になってしまっているのです。特にＷｅｂサイトです。Ｗｅｂサイトには、自社の強みの訴求、テレビＣＭとの連動、美しいデザインなどを意識した、職人のこだわりが詰まっています。にもかかわらず、そのWebサイトに滞在する時間は、申し込みフォームへの入力を除けば、わずか「数秒」です。なぜならユーザーは、事前に比較サイトに長い時間滞在し、どこでお金を借りるかを絞り込んでから訪れるからです。訴求も、テレビCMも、デザインも、顧客にとっては全く必要のない情報です。後はもう「申し込むかどうか」だけなのです。

大切なのはユーザーの背中を押してあげること

後は申し込むだけのユーザーに対して、企業側が用意すべきコミュニケーションは何でしょうか？ それは本章のテーマである「営業」です。買いたいけどちょっと迷っている顧客の背中を、少し押してあげることこそが、このWebサイトに求められる唯一にして最大の要件なのです。

とはいえ、非対面のWebサイトは「セルフサービスチャネル」です。人間の営業担当のように巧みな言葉で説得することはできません。Webサイトのような非対面コミュニケーションにできるのは「障壁を下げる」ことだけです。「申し込み」というボタンだけだと踏み切れないユーザーに対し、「まずは審査してみませんか？ 審査落ちするかもしれないので、急ぎならまずは試してみることをお勧めします。審査に通っても借りる必要はないので気軽にお試しください」というニュアンスで、「かんたん仮審査（3分）」のような申し込みボタンを設置するのです。

カードローンのWebサイトに必要な要件は、障壁の低い申し込みボタン1つと、その後に続く入力が簡単なフォームだけです。それにもかかわらず、世の中のカードローンのWebサイトには、余計なコンテンツや、申し込み障壁の高い動線がたくさんあります。ユーザーは比較サイトで悩み抜き、それでもまだ不安な気持ちで、いざ申し込もうかなとWebサイトを訪れます。そんなユーザーの決意が揺らぐような複雑なWebサイトは、「不親切」としか言いようがありません。借金がいいかどうかは別の議論として、顧客とのコミュニケーションとしては不適切です。

「顕在ユーザー」を回り道させるな！申し込みへ直行が最適解

ここまではカードローンの例を紹介しましたが、顕在ニーズに対して、不必要なコミュニケーションを強いるWebサイトは、世の中にたくさんあります。Webサイトにおける面倒な振り分け、余計なコンテンツ、過剰な装飾、全てはユーザーを迷わせ、決意を揺らがせる障害物です。

なぜならWebサイトを訪れるユーザーの多くは、「自社名」「サービス名」などを検索して訪れる「顕在ユーザー」だからです。特にトップページや、商品ページに直接流入するユーザーは、ニーズが顕在化しています。こうしたユーザーの決意を揺らがないように、ストレートに「営業」することこそが最優先要件なのです。

第1章で、結婚式場のWebサイトでもページ上部に「ブライダルフェア予約」の申し込みボタンを置くのが勝ちパターンだと紹介しました。実はほぼ全てのWebサイトにとって、この申し込みに直行させる設計が最適解なのです。

Webサイトに限らず、新規ユーザーのニーズが顕在化しているタイミングであれば、積極的に営業すべきです。「非対面」コミュニケーションであれば、購入までの障壁を下げて、ユーザーの決意が揺らがないように受け入れるべきです。

障壁の低いゴールを用意した場合、「非対面」から「対面」にコミュニケーションを切り替えるのも有効です。

ここでは、インターネット光回線の事例を紹介します。光回線のWebサイトを見れば分かりますが、基本的にはカードローンと同様にユーザーが自ら申し込んで契約する動線が用意されています。

インターネット回線は参入している業者が多いため、カードローン以上に比較サイトには様々な候補が並びます。ユーザーはカードローンと同じように、比較サイトで長時間検討した後、各回線・プロバイダー業者の申し込みフォームに入るのです。

ここでもやはり、Webサイトの勝ちパターンは「障壁を下げる」の一点に尽きます。しかしWeb上でユーザーが1人で申し込む場合、どうしても申し込みの障壁を下げることはできません。「申し込み」というボタンを他の文言に変更したとしても、それほど障壁を下げることはできないでしょう。

そこで検討すべきは、「対面」コミュニケーションへの切り替えです。まずは障壁の低いゴールを用意します。例えば「対象エリア診断」「料金シミュレーション」など、今すぐ申し込むかどうかは迷っているけれども、ニーズが顕在化したユーザーを受け入れるゴールを用意するのです。それだけでは申し込みに至らないため、対面コミュニケーションに切り替えて、人間が訪問、電話、チャットなどで営業します。対面であれば、迷っているユーザーを説得し切ることができるからです。

この方針が正しいかどうかは、やってみて数字を取らないことには分かりません。対面コミュニケーションに切り替える分、人件費がかかり、粗利を圧迫します。一方で、ゴールの障壁を下げた分、営業できる顕在ユーザーの数は増えます。契約期間の長さや、単価の大きさからも使えるコストの限界が決まります。

不動産や保険であれば、対面コミュニケーションにコストをかけても元が取れることが証明されています。逆に、単価の低い大衆的な消費財であれば、対面コミュニケーションが割に合わないことはすぐ分かるでしょう。これらの中間にあり、対面営業したほうが得かどうかの境界線に立っている商材ならば、まずはトライアルの価値があります。

6-4 人間の熱意は代替不可能 要所に絞って人を登板させる

Ｔｒａｄｅの章の最後に、「対面」での営業を出し惜しみしたばかりに、ＬＴＶボトルネックが生じているケースを紹介します。

ここまで色々な章で「対面」と「非対面」の比較をしてきましたが、「対面」に勝る営業はありません。コストをかけてでも「対面」営業を投入すべきポイントを見逃してはなりません。

昭和も令和も変わらない、ＭＲがやるべき大きな〝仕事〟

ある医薬品メーカーの事例を紹介します。医療用医薬品メーカーはどこでも営業担当のＭＲを、デジタルなどに置き換えられないか検討を進めています。これは医薬品メーカーに限らず、営業ＤＸという言葉が流行している通り、対面営業が売り上げの源泉になっている企業にとって、避けては通れない論点になっています。

このメーカーでは、数年前にある新薬が発売され、まずは専門医や大病院を〝攻略〟していきました。

薬の効果に優位性があったため、瞬く間にその薬品名は認知され、治療の選択肢として普及していきました。しかし、やや専門的かつ高額の治療になるため、町の開業医（クリニック）が処方するケースはまだ限定的でした。

新薬発売から数年がたち、ターゲットは徐々にクリニックに移行していきました。専門医や大病院に比べて、クリニックの数は膨大です。1軒ずつ足を使って回っていては到底攻略しきれません。最初に思いつくのは、医療系メディアを通じた情報発信です。しかし第4章で解説した通り、医療系メディアは「聞き流し」メディアです。現場での診療で忙しいため、情報収集に時間を割くことができない開業医にはなかなか届きません。

活路を見いだすため、既にこの新薬を積極的に処方している開業医へインタビューを行うことにしました。彼らがこの新薬を処方する理由は何でしょうか。困っている患者が良くなるから？　高い薬が売れてもうかるから？　新薬を使いたいという好奇心から？。

どれも間違いではありませんでしたが、一番の理由は、なんと「営業がたくさん通ってくれたから」でした。

そんな昭和時代のような理由があるものか、と思われる方もいらっしゃるかもしれません。しかし、これが現実です。MRが医師の元へ足しげく通うというのは、令和になった今でも人間が行う大きな意味がある仕事の1つなのです。

効果はあるが高額。画期的な新薬を医師に使ってもらうには？

それではなぜ「営業が通う」ことが新薬の処方に影響するのでしょうか？　医師から見た顧客視点で説明します。

まずこの新薬は、国内に数十万人もの患者がいる「よくある疾患」を対象としています。伝統的な治療方法が他にもいくつかあります。効果はこの新薬に劣りますが、症状がよほどひどくない限りは十分効き目があります。この新薬は、患者のわずか数％に当たる「重症患者」の症状を劇的に良くするというものでした。

この病気は治る病気ではなく、人生を通してずっと付き合っていかなければならない病気でした。「重症患者」といっても、新薬が出るまでの数十年間は、伝統的な治療方法で症状を抑えてきました。伝統的な治療方法だと、1回当たり数百円というレベルの薬です。医師側も、患者側も、こうした治療の状況に慣れ切っていました。

そこに現れたこの新薬は、とてつもなく高額です。月数万円の自己負担を患者に強いることになります。自分が「重症患者」だとしても、数百円の治療費がいきなり数万円になるのはさすがに厳しいでしょう。どれだけ新薬に効果があるとしても、これまで我慢してきたのだから、ぜいたくをする気にはなりません。新薬ですから副作用も気になります。患者にとっては、ものすごくハードルが高い薬なのです。

こうした背景を知ると、医師がこの薬を患者に提案する際のハードルが見えてきます。毎月数百円だけ払っている患者に、いきなり数万円の薬を提案するのです。高い薬を売りつけようとしていると思われて、信頼を失いたくもありません。学会では効くといわれているし、目の前の患者の症状がひどいので、本心から試してもらいたいと思っていたとしても、なかなか提案する勇気は出ないでしょう。

ここでようやくMRの登場です。MRが足しげく通い、医師に働きかけるのです。MRは訪問するたびに医師に対して、「重症患者はいますか？」「説明しやすい仲の良い患者はいますか？」「実際に説明してくれましたか？」「説明の際になぜ困ったのですか？」など、毎回やんわりと聞いていきます。MRが来るたび、医師は「まだどの患者にも説明できていません……」と言い訳することになり、引け目を感じるようになっていきます。こうした熱心なMRの訪問にほだされて、医師は重い腰を上げて、ようやく患者への説明を試みるのです。

実際に患者に処方してみれば、この薬は驚くほど効果を発揮します。かなり重い症状でも、素早くほぼ完全に治るのです。患者が負担する金額が大きいのは間違いないです。しかし患者の長い人生を考えれば、決して損のない薬だと医師は納得するのです。

この後は、MRが足しげく通わなくても、医師が自らこの薬を紹介してくれます。薬が効いたという成功体験によって、医師が本来持っていた患者を良くしたいという思いが表出し、処方数が増えていくのです。

この例では、1回目の処方ハードルを越えることに、MRの訪問が欠かせないことを紹介しました。対面でなければならないシーンでは、惜しみなく営業人員を投入すべきなのです。

営業人員の投入判断は、「Sense」のボトルネック解消が役立つ

営業人員を投入すれば売れることは分かるが、どこで投入すべきか迷うケースも多いでしょう。それは、第5章で解説した「Sense（検知する）」のボトルネックを解消することで一部解決します。

Senseの概要説明に当たり、第2章でキーエンスを例として取り上げました。そこで町工場の顧客がキーエンスの営業を呼ぶために、同社のWebサイトから資料をダウンロードしているという行動を紹介しました。

キーエンスの営業は、競合他社よりも素早く顧客に接触することを目指しているように見えます。顧客側が新しく要件検討を始めて、部品が必要になったタイミングで、最初に商談ができれば、受注確率は飛躍的に上がります。他と比較するまでもなく、キーエンスの商品が選ばれることもあるでしょう。ここはどう考えても、人間が対面で行うべき仕事です。

この「要件検討が始まるタイミング」「部品を探し始めるタイミング」を見つけ出すのが、キーエンスが持つSenseの強みです。たとえタイミングを外したとしても、次に検討するときは最初に声をかけてもらえるよう、顧客にアピールすることができます。

営業人員を投入するタイミングは分かるかもしれないが、そもそも「対面」と「非対面」のどちらにすべきか迷う方もいるでしょう。こればかりは、ビジネスによるとしか言いようがありません。まず顧客のニーズが潜在的なケースは、確実に「対面」にすべきです。前述の通り「非対面」はセルフサービスチャネルなので、顧客自身にニーズのないものは一切見てもらえません。

次に顧客のニーズが顕在的なケースでも、「対面」にすべきシーンは多々あります。特に意思決定を面倒に感じているケースは、人間が出向いてあれこれ説明し、背中を押すことで購買につながります。高額な商材、関与度の低い商材、ステークホルダーの多い商材などは、積極的に「対面」するプレーヤーが勝利します。

前述したインターネット光回線の事例のように、「対面」と「非対面」のどちらが適しているかの境界線に立つようなビジネスでは、判断に迷うことがあるでしょう。各顧客接点がどこまでの役割を担えるか、どこに線を引くと利益額を最大化できるかは、試してみなければ分かりません。まずは顧客調査を実施し、「非対面」コミュニケーションでどこまで対応できるのか検証してみるのもお勧めです。

本章のまとめ

- 企業は遠慮し過ぎて営業機会を逃している。もっと「売れ」というのが「Trade（商売する）」のボトルネック解消方針。
- 現状のサービスに満足していれば、少しばかり営業されてもネガティブな感情は抱かない。そもそも顧客の目線からすれば、企業とは「隙があれば営業してくるもの」と認識されている。
- 既存顧客が営業にネガティブな反応を示すかどうかは、これまでの「満足度」の高さと、「顕在ニーズ」の有無と、営業が求める「応答コスト」の大きさによる。安全に振る舞いたいなら、満足度が高いか、ニーズの顕在化している顧客を見つけ出し、応答コストの低い営業を仕掛ける。
- 新規顧客がターゲットの場合、よほど憧れの強いブランドでもない限り「満足度」の高さは期待できない。「顕在ニーズ」がある顧客に、「応答コスト」を下げて対応するのが安全策。

- 非対面コミュニケーションでは、ニーズが顕在化したユーザーに、回りくどい動線を強いることで、機会損失が生まれる。購入までの障壁を下げ、ユーザーの決意が揺らがないように受け入れるべきだ。障壁の低いゴールを用意した場合、その後のクロージングを「非対面」から「対面」に切り替えることも有効。

- 「対面」に勝る営業は存在しない。コストをかけてでも「対面」営業を投入すべきポイントを見逃してはならない。

第 7 章

LTVボトルネックを取り除け!

問題の発見から解消までのプロセス

7-1 LTV向上プロジェクトの始まり

本章では「MAST」の各ボトルネックを、企業が発見して解消するまでのプロセスを追いながら紹介します。このプロセスは、私がコンサルタントの立場で、LTV向上のプロジェクトを推進する流れそのものです。論点設定や仮説立案の精度、顧客調査の品質、改善実行までの組織調整力などは、誰をアサインするかで大きく変わるでしょう。しかしこのプロセス通りに進めれば、顧客視点でLTV向上の示唆が得られることを保証します。

ここでは、方法論だけ解説してもイメージが湧かないと判断し、ある生命保険会社のクライアント（以降「X社」と呼ぶことにします）が、私とのプロジェクトを通じてLTV向上に取り組むストーリーを添えることにしました。このお客さまとは2年以上もLTV向上のプロジェクトでご一緒させていただいており、その案件は今なお継続中です。

一部、具体的に説明しづらい部分などは、他社の事例を交えて解説することもありますがご了承ください。まずはプロジェクトが始まった経緯から紹介しましょう。

ＬＴＶ向上で「短期売り上げ」重視の企業文化に変革を

Ｘ社は、代理店を通じて商品を販売するビジネスモデルです。代理店が新規に保険を販売すると、「短期売り上げ」に応じた報酬が支払われます。Ｘ社側も、代理店の短期売り上げの増加による報酬アップを支援しています。

この報酬システムにより、Ｘ社には短期売り上げにフォーカスする文化が染み付いていました。代理店への報酬は、新規顧客を獲得したときにしか支払われません。その顧客がすぐに解約しても、どれだけ不満を抱こうとも、代理店の報酬には影響しないのです。言い換えれば、ＬＴＶを無視して、短期売り上げを増やす企業文化が染み付いてしまっていたのです。

そこで立ち上げたのが、ＬＴＶ向上のために、代理店のお客さま対応を見直すプロジェクトです。プロジェクトリーダーは30代後半に差し掛かったばかりのＹさんでした。Ｙさんは支社での営業経験が豊富で、代理店とのコミュニケーションに強い人です。私が初めてお会いしたときから、凝り固まった「短期売り上げ」の文化を本気で変えてやろうという気概が、ひしひしと伝わってきた勢いのある担当者です。

私とプロジェクトを開始する前にも、Ｙさんのチームは ＬＴＶに関する調査を実施していました。「ＮＰＳ（Net Promoter Score）」と呼ばれる指標を用いて、ＬＴＶを高める要因を探していたのです。

ＮＰＳは、ＬＴＶ向上プロジェクトではよく出てくる指標の1つです。例えば「あなたがこの企業を友人や同僚に薦める可能性は、どのくらいありますか？」という質問に、0～10の11段階で評価してもらい、そのデータから顧客のロイヤルティーや継続利用意向を調べます。通常の満足度調査よりも、業績に連動しやすいともいわれています。

Yさんは調査会社に依頼して、NPSを使って競合と自社を比較していました。調査会社からは、NPSに相関する要因は何か？ 自社のどこが劣っているのか？ などを分析するリポートを受け取っていました。その調査リポートによると、他社に比べて自社は「代理店担当者の顔が認識されていない」点と「接触頻度が少ない」点が劣っており、NPSの評価を下げているということでした。当時私がこのリポートを見たときは、何とも面白みのない、内容の薄い調査結果だなと感じたものです。Yさんも、この調査結果には納得していませんでした。なぜなら「代理店の顔が認識されない」のも「接触頻度が少ない」のも、この生命保険会社のビジネスモデルによるものだからです。

ここで生命保険のビジネスモデルについて少し解説します。生命保険は、一般的に「商品単価」と「顧客数」がトレードオフの関係になっています。「商品単価」を上げるなら、あえて「顧客数」を減らして、じっくりと営業します。逆に「顧客数」を増やすなら、「商品単価」を下げて、営業を省力化します。今回のX社は後者の、「顧客数」が多く、「商品単価」が低いビジネスモデルなのです。顧客との「接触頻度が少なく」「顔を覚えてもらえていない」のは当然の結果なのです。

しかもNPS調査で比較対象に入っていた、NPSの高い保険会社は、どれも「商品単価」が高く、「顧客数」の少ないほうのビジネスモデルでした。さて、この調査結果を真に受けて、顧客との接触頻度を増やし、担当の顔を覚えてもらうようにオペレーションを変えていくべきなのでしょうか？　Yさんはこの結果に違和感を覚え、どのようにプロジェクトを進めるべきか悩んでいたのです。

「接触頻度を増やせばLTVが向上する」は仮説として弱い

こうした状況から私の会社に相談があり、このプロジェクトは始まったのです。最初にお会いして話したのが「指標がNPSで良いのか？」というテーマでした。前述のようにNPSは業績連動しやすいとはいえ、本当にLTVと相関していることを証明しなければなりません。後からLTVが向上しませんでしたとなってしまっては、プロジェクトを進めても全てが水泡に帰すことになります。YさんもNPSには一切こだわりがなく、LTVが向上すれば何でもよいと同意してくれました。

次に「接触頻度を増やす」「顔を覚えてもらう」は、LTV向上の仮説としては弱過ぎるという話をしました。前述の通り、Yさんもこの点には同意しています。本書で書いたように、LTVボトルネックを明らかにすべきであることをお伝えしました。それにはまず定性顧客調査から、丁寧にカスタマージャーニーを点検することが必要です。

最後に、代理店へのオペレーションの落とし込み方法についてヒアリングしました。数多い代理店の振る舞いを、全て変えさせることは非常に困難な道のりです。ここについては、まずトライアルとしてモデル代理店を選んで改善していく方針で問題ないことを確認しました。成功事例をつくってから全社

役割分担	時期
WACUL主	3〜5月
WACUL主	
X社主	
WACULサブ	
WACUL主	5〜6月
WACULサブ	
WACULサブ	6〜9月
WACULサブ	
WACUL主	10〜12月
WACULサブ	
WACULサブ	

凡例	
WACUL主	WACULが主導する範囲
WACULサブ	X社が主導し、WACULが知見提供／業務支援する範囲
X社主	X社の対応範囲（WACULは必要に応じて会議のみ参加）

展開していくのです。

長期のプロジェクトになるので、まだまだ先が見えない中での提案になります。提案書に記載されていた、本プロジェクトで明らかにすべき論点は下記のとおりです。

・LTVに貢献する要因は何か？
・上記要因に対応する本社・代理店の施策は？
・施策の効果を検証する指標とその計測方法は？
・代理店が改善を自走していくための仕掛けは？

実はこの後、図表17に示した提案書のスケジュール通りにはいきませんでした。しかしプロジェクト開始から2年以上たった現在、振り返ってみると、各論点は全てクリアになっています。

図表17 プロジェクト開始前に提出した「ご提案書」の一部

フェーズ		実施事項
初期設計フェーズ	1)	カスタマージャーニーとLTVボトルネックの把握
	2)	LTVを計測するためのプラン設計
	3-1)	現状の代理店オペレーションの把握・ヒアリング
	3-2)	代理店のオペレーションを踏まえた無理のない運用案の設計
計測/分析フェーズ	4-1)	第1回LTV計測・分析と初期仮説
	4-2)	分析結果、初期仮説を踏まえたオペレーション案のアップデート
施策実行フェーズ	5)	施策オプションの洗い出しと実現可能性を踏まえた優先順位付け
	6)	優先施策の具体化(代理店側/本社側)
計測/プロセス化フェーズ	7)	第2回計測による実行施策の効果検証
	8)	効果検証に基づく仮説・打ち手・プロセスのアップデート
	9)	プロセスの標準化と自走可能なルール/ツールへの落とし込み

ファンに喜んでもらいたいプロ野球球団のLTV改革

X社の事例はこの後、詳細に解説していきますが、少しだけ脇道にそれて、他の企業でもLTV向上に向き合うきっかけは似ているという話を紹介しましょう。共通するのは「短期偏重」に危機感を抱いているものの、長期のLTVに向き合うための「計測指標」に納得感がないという状態です。さらに言えば、カスタマージャーニーをしっかり把握できておらず「顧客理解」がぼんやりしているのです。

X社と同じく、現在も支援しているプロ野球球団のクライアントもほぼ同じ状態でした。この球団も以前からNPSを計測しており、ファンとの長期的な関係構築を模索していました。しかし実運用に乗っているという状況ではありませんでした。そんな中、私の会社に「Ｗｅｂサイトをリニューアルしたい」というオーダーをいただいたのです。

とはいえ、そもそもＷｅｂサイトの目的がありません。「ファンに喜んでもらうこと」という目的を掲げていたものの、計測不能ですし、ＬＴＶへの貢献量も全く分かりません。Ｗｅｂサイトをどうこうする前に、ファンになるまでのカスタマージャーニーを明らかにし、顧客接点の役割を定義すべきだという話から、ＬＴＶ向上プロジェクトが始まりました。

このように話のきっかけは様々ですが、長期への漠然とした不安はありつつ、何から取り組めばいいのか分からないケースが大半です。多くの企業がＮＰＳと似たような指標を計測していますが、その数値に納得できない。顧客調査を毎年やっても、顧客のことはいま一つ把握できていません。

さらに顧客接点ごとに外部ベンダーに依頼するため、カスタマージャーニーの全体像が見えなくなっているのも問題でした。私はデジタルマーケティングの専門家ですから「Ｗｅｂサイトをリニューアルしたい」「ＥＣの売り上げを伸ばしたい」「アプリのＵＩを良くしたい」といったお題をいただくことが多くあります。しかし、いずれもカスタマージャーニー内での役割が定義されていません。そのためＷｅｂサイトの目的、ＥＣの目的、アプリの目的の再定義からプロジェクトをスタートするのです。

7-2 「カスタマージャーニー仮説」の洗い出し

Ｘ社の例に戻りますが、プロジェクトをキックオフしたＹさんと私は、まず「カスタマージャーニー仮説」の洗い出しから始めました。仮説がないことには顧客調査をしてもインプットは限定的です。まずは思いつくことや、知っていることの抽出から始めます。私のほうで思いつく限り、ＬＴＶに影響しそうな要因を大小問わず書き出しました。その上で、さらにＹさんにも追記をお願いしました。

図表18は顧客との接点を時系列に洗い出して、ＬＴＶに影響がありそうなものをひたすら抽出しています。この時点での施策案は、思いつきのアイデアに過ぎません。実行フェーズで取り入れない可能性も高いです。それでも具体的にどのような落とし所があるかは、プロジェクト初期からイメージしておくべきでしょう。

この資料を使って仮説を洗い出せるかどうかは、過去に顧客と接した総量で決まります。Ｙさんはもともと代理店への営業を担当しており、顧客の解像度が高かったため、色々な意見をいただけました。逆に顧客との接点がほとんどない担当者の場合、この資料を前に、何も書けないということがあります。

	加入1年後（毎年）	保全	請求
		有事	
	契約内容確認郵送 保障見直し	引っ越しなど マイページ コールセンター 店舗	手術など マイページ コールセンター 店舗
	・忘れていたが今の保障で良いのか不安 ・最適な備えができていると追認され安心	・手続きをリマインドしてくれて安心 ・スムーズに連絡でき手続きしたい	・請求準備や支払われるかどうかが不安 ・スムーズに連絡でき手続きしたい
	(+) 変化を捉えた提案 (+) 過剰保障の削減 (+) 不足保障の追加 (+) 健康N年のお祝い (−) 他社の提案／テレビCM	(+) 結婚などのお祝い (+) 保障内容の追認 (−) 連絡先不明瞭 (−) 面倒な手続き	(+) 未請求のお知らせ (+) 手厚い人的対応 (−) 連絡先不明瞭 (−) 面倒な手続き (−) 対象外の請求
	・変化検知アンケート ・保障見直しシミュレーション ・見直しニーズ検知時の人的提案 ・お祝いなど自動通知	・マイページ利用率向上 ・お祝いなど自動通知	・請求検知アンケート ・未請求通知シナリオ ・担当者毎年の契約内容確認に掲載 ・お祝いなど自動通知

図表18 「カスタマージャーニー仮説」の洗い出し資料

フェーズ	加入前	平時 加入時	平時 加入1カ月後
主な顧客接点	テレビCM → コールセンター／店舗／Web → 資料	内容説明 → 申込書記入 → 審査 → 証券送付	契約ご確認 外部情報（テレビCM／他社営業／口コミなど）
顧客心理	・自分に必要な保険を知りたい ・自分に合った保険会社を選びたい	・最適な保障を選びたい（だまされたくない） ・スムーズに申し込みたい	・無事保険に入れて満足している ・さらに良い保険だと追認されて安心する
LTV影響要因	(+) テレビCMの好印象 (+) 営業担当の提案力	(+) 保障選択の納得感 (+) 専任担当就任挨拶 (+) 他社保険重複削減 (−) 面倒な申込手続き	(+) 保障内容の追認 (+) 過剰保障の削減 (−) 不足保障の追加
代理店への施策案	・Web会議による提案	・保障選択の論点解説と選択ツール ・申込手続き簡略化 ・専任担当就任の挨拶自動化 ・他社保障重複チェックツール	・保障解説動画 ・保障見直しシミュレーション ・見直しニーズ検知時の人的提案

ただ、もしここで何も書けなくても、後ろのフェーズの顧客調査でインプットするチャンスがあります。諦めずにできるだけ顧客のことを考えてみてください。

ヒアリングのポイントは「意見」ではなく「行動」の収集

次にＹさんと取り組んだのは、代理店へのヒアリングです。顧客と接する最前線に立つ代理店担当者から、普段の接客オペレーションを聞き出します。さらに現状取り組んでいる満足度向上施策についても確認していきました。先ほど洗い出したカスタマージャーニーにおける仮説を、代理店視点で把握することを目的にしています。

このときは、４社の代理店にヒアリングをかけました。全ての代理店を一斉に変えることはできませんので、対象を絞り込む必要があります。ＬＴＶ向上のモデル代理店を選ぶなら、まずはコミュニケーションが取りやすく、施策を実行してくれる可能性が高いところを選ぶべきです。さらに可能であれば、他の代理店がまねしたいと思うような、模範的な代理店であればなお良いでしょう。

ヒアリングはＹさんと私で分担しました。ヒアリングのポイントは、後ほど説明する顧客調査と同じです。一番重要なのは「意見」ではなく「行動」を収集することです。代理店にしても、顧客にしても、マーケティングのプロではありません。「ＨＯＷ（どうしたらよいか？）」の意見を聞いても、ＬＴＶ向上に本当に効く施策は出てきません。相手がプロフェッショナルの領域であれば、ＨＯＷを聞くのも有効ですが、それすらも話半分にとどめるべきです。

それでは「意見」ではない「行動」とは何でしょうか？　ここでは代理店担当者が、過去に行ったことがある業務、顧客との会話、それに対して抱いた印象などです。「行動」は実際に起こったことですから、事実をねじ曲げることができません。さらに言えば、できるだけその担当者本人の経験を一次情報として収集するほうが、事実に近い情報が得られます。

行動を聞く際のコツは「条件を明確にする」ことです。どんな顧客を相手にしているのか、何の要件に対して接客しているのか、どのタイミングの話なのかなど、対応に差分がある条件ごとに確認していきます。条件が曖昧なままヒアリングしてしまうと、色々な行動が混ざってしまいます。例えば、ある店舗は高齢者が多いので、メールアドレスを聞いても「持っていない」と言われるという行動があったとします。このとき「高齢者」という条件を聞き忘れると、「メールアドレスなんて教えてくれないですよ」という間違った事実だけを持ち帰ることになるのです。

ただしヒアリング相手が、この「条件」分岐を、構造的に頭の中で整理できていることはありません。最初に条件分岐をヒアリングしようとしても出てきません。ヒアリングしている中で、実は対応や反応が異なる条件が見つかってきますので、それぞれについて深掘りしていくしかないのです。

個別の質問を投げかける際に注意すべきポイントは、相手ができるだけ考えずに回答できるようにしてあげることです。回答に脳を使わせれば使わせるほど、想像や意見が交じるため、回答内容が事実から乖離していきます。脊髄反射的に答えられる質問を心掛けましょう。例えば、複数のことを同時に聞かないようにしたり、聞きたいことの状況を明確にしたり、工夫できることは色々あります。ただし聞きたいことについての仮説が乏しい場合は、状況を限定することができないため、あえて脳を使わなければ答えられないような、抽象的な質問をせざるを得ないケースがあります。しかしその場合は、回答の全てを信じるのではなく、顧客の心理や状況の洗い出し程度の期待で聞いていきます。

このように基本的には「過去」の行動をヒアリングするのがベースになります。一方で「未来」の施策を評価したいときはどうすればよいでしょうか？とよく聞かれます。前述の通り施策のHOWをヒアリングしても、的外れな答えが返ってくることがほとんどです。こういうときは、あらかじめこちら側で「施策案」をつくっておき、それを見せて反応を見ます。施策案は、紙芝居でも口頭でもモック画面でも何でも構いません。何かを見せたときの「反応」であれば、それは事実に近い「行動」と言えるでしょう。

最初は私のヒアリングを見よう見まねでやっていたYさんでしたが、途中から見違えるようにヒアリングがうまくなりました。ヒアリングは、一度覚えてしまえば様々な場面で使えるスキルです。あまり得意でないなら、前述のポイントを押さえて、練習してみてください。

「顧客満足度」と「売り上げ」、どちらを優先すべきか

代理店４社にヒアリングした結果も簡単に紹介します。代理店の経営方針は「顧客満足度」と「売り上げ」のどちらを優先するかで二極化していました。「顧客満足度」を優先すると、「お客さまのため」というメッセージを使って、採用や人事は容易になります。一方で、売り上げコミットは引き出しづらくなります。特に売り上げが足りないときは「お客さまのためと言いつつ、結局は売り上げなのか……」と従業員を失望させかねない、もろ刃の剣ともいえる経営方針です。

逆に「売り上げ」を優先すると、売り上げコミットは引き出しやすくなりますが、採用や人事で苦戦します。売れない人は退職しますし、売れ過ぎる人は独立してしまいます。離職率が高く、殺伐とした社風になりやすいというデメリットがあります。「顧客満足度」の向上に関心を払う従業員は少なく、ＬＴＶ向上の取り組みにも興味を示さない可能性が高いでしょう。

どちらの経営方針が良い悪いということはありませんが、これら二極化した代理店の両方で、いずれはＬＴＶを向上していかなければなりません。とはいえ、プロジェクト初期では、とにかく成功事例をつくらなければなりません。Ｙさんは、ＬＴＶ向上に協力してくれそうな「顧客満足度」を優先する代理店と一緒に、まずはプロジェクトを進めることにしました。

「顧客満足度」を優先する代理店をＺ社とします。Ｚ社はお客さまの信頼獲得を社是にしているほどの

会社で、特におもてなしにこだわりを持っている会社です。

まずヒアリングしたベテラン営業担当者は、清潔感のあるスーツに身を包み、丁寧で優しい言葉で話される女性でした。リモートでのヒアリングでしたが、対面した瞬間にコミュニケーションが本当に得意なんだろうなという印象を与える、まさにコンシェルジュのような方でした。

その方にお聞きした接客術ですが、例えば、お客さまから問い合わせがあれば、ささいな要件でもなるべく対面で会うようにして、満足度向上に努めます。そして何よりも優先して、お客さまの要件を最速で解決します。その上でお客さまの手続きや請求の漏れなどを見つけ出し、気付きを与えることで満足度を高める。満足度が最高潮に達したタイミングで、アップセルのジャブを打ち、追加の売り上げにつなげていくというのです。

この話を聞いた後、もはやZ社の接客をマニュアル化して、全代理店に配れば良いだけではないか、とすら思いました。それくらい顧客に寄り添って、顧客の満足度を高めてから売り上げにつながる手法を追求していたのです。他にも何人かヒアリングしていく中で、カスタマージャーニーの仮説は幅が広がり、調査で検証すべき項目が増えていきました。

しかし、ここまでのインプットで満足してプロジェクトを終了してはなりません。どれだけ優れた接客をしているように見えても、リアルな顧客の反応は１８０度異なるということがよく起こります。サボらずに必ずリアルな顧客からインプットすべきです。

例えば、この後の顧客調査で分かることですが、Z社の接客のうち、一部は「過剰なおもてなし」であり、LTVに影響のないものでした。さらに良かれと思っていた接客スタイルが、顧客に正しく伝わっていないことも分かったのです。これは4章の「Attract（引き付ける）」で、対面コミュニケーションでも魅力が伝わらない例として紹介しました。

ただ、Z社は顧客満足度を優先すると宣言しながらも、顧客満足度を正しく計測したことがありませんでした。LTVへの貢献度を明らかにせず、自己満足の接客を追求していては経営が成り立ちません。売り上げと給与が増えないまま、「おもてなし」という聞こえがいい言葉で過剰労働を強いるばかりです。

このように、まずは身内からカスタマージャーニーの仮説を洗い出します。プロジェクトメンバーや、顧客に接している営業、サポート担当者にヒアリングをかけていきます。この時点での仮説は間違っていても全く問題ありません。できる限り、想像できる仮説の幅を広げることに価値があるのです。

7-3 定量アンケート調査で「大動脈」と「ＬＴＶ貢献」に当たりを付ける

カスタマージャーニーの仮説を洗い出した後は、「定量アンケート調査」を実施します。事前仮説がほとんどないケースは、知り合いの既存顧客を数人ほど集めて定性インタビュー実施し、仮説を強化してもいいでしょう。今回の生命保険会社Ｘ社では、Ｙさんの仮説立案力の高さもあり、いきなり定量アンケート調査から実施することにしました。

定量アンケート調査には３つの目的があります。１つ目の目的は、定性インタビュー調査の被験者を収集することです。話を聞いてみたい被験者の要件を決め、アンケートの回答内容で絞り込みます。定性インタビュー調査の被験者収集の方法は色々ありますが、アンケートを使う手法が最も柔軟性が高いといえます。

２つ目の目的は、カスタマージャーニーの「大動脈」を知ることです。仮説で洗い出した「顧客接点」のうち、どれがメジャーなのかを知ることができます。例えば、生命保険で言えば、給付金の請求手続きが多いのは「Ｗｅｂサイト」「コールセンター」「代理店」「店舗」「郵送物」のどれかを知るなどが該当します。大動脈が分かれば、その顧客接点が改善対象になります。逆に言えば、マイナーな顧客接点は優先度を下げることができます。

３つ目の目的は、ＬＴＶに影響する「代替指標」や「顧客接点」を知ることです。ＬＴＶの値を直接取ることはできないので、「顧客単価」×「購入頻度」×「継続購入期間」などに分解して取得します。この分解した値と、ＮＰＳなどの「代替指標」をクロス集計して、相関の高いものを探ります。平たく言えば、社内の人たちが納得できる「ＬＴＶに効くＫＰＩ」を見つけるということです。ＬＴＶとの相関が高く、短期的に取得しやすい代替指標が見つかれば、ＬＴＶ向上のＰＤＣＡが回しやすくなります。同じようにＬＴＶや代替指標に影響を及ぼす顧客接点も探していきます。例えば、Ｗｅｂサイトに毎週来るという「顧客接点」は、ＬＴＶを高めやすいといった事実を発見します。

ロイヤル顧客に、インタビューで何を聞くべきか？

それでは調査目的から、定量アンケートの「調査票」を作っていきます。まずは１つ目の目的から、定性インタビューの被験者要件を定義して、調査票に落とし込みます。

定性インタビューでは、現状のカスタマージャーニーを把握します。そのためには、被験者はロイヤル顧客がいいでしょう。新規顧客からロイヤル顧客になるまでのカスタマージャーニーが長い人ほど、発見点が多くなるからです。逆に、まだ顧客になっていない人を呼んでしまうと、何も聞くことができません。

X社のロイヤル顧客を呼ぶのですから、商品を長く契約している人を集められるような設問を用意します。さらに契約期間が長いだけでなく、住所変更や給付金請求の手続きを行っている人のほうが多くの顧客接点があるため、インプットも増えるでしょう。代理店での接客を見直すことを考えれば、代理店とのコミュニケーション履歴も聞く必要があります。

このように呼びたいロイヤル顧客の属性をイメージしながら、設問を追加していくのです。最後に定性インタビューへの参加希望と、連絡用の電話・メールアドレスも取得します。個人情報取得の許諾も欠かせません。

被験者収集において重要なのが「パネル」の選定です。誰にアンケートに答えてもらうかという要件です。ロイヤル顧客を集めるなら、当然ですが自社の顧客リストにメールを送り、アンケートを依頼するのがベストです。特に顧客数が少ない商材であれば、顧客リストでしか集客できません。世の中でも広く普及している商材であれば、有料の一般リサーチパネルも使えます。

次は、2つ目の目的であるカスタマージャーニーの「大動脈」を知るために顧客接点を調査票に落とし込みます。カスタマージャーニー仮説を洗い出したものから、顧客接点の「チャネル」と「体験」を整理します。「チャネル」とは、先ほど記載した「Webサイト」「コールセンター」「代理店」「店舗」「郵送物」のように、顧客と接触する手段です。「体験」とは、例えば店舗スタッフから「手続き漏れを確認してもらった」「万一のときの連絡先を教えてもらった」「ノベルティーの人形をもらった」のように、顧客接点で発生したイベントです。

この「チャネル」と「体験」の、どれがメジャーかを把握できるような調査票を作っていきます。もちろんシーン別に聞く必要がありますので、生命保険なら「新規契約」「契約直後」「平時」「保全手続き時」「請求手続き時」のそれぞれで、チャネルと体験を把握できるようにします。

最後に、３つ目の目的からＬＴＶに影響する「指標」を調査票に入れます。この指標とクロス集計する「顧客接点」は、２つ目の目的で反映済みですからここでは気にする必要がありません。

まずＬＴＶを分解する値を決めます。「顧客単価」×「購入頻度」×「継続購入期間」と分解してもいいでしょう。その場合、ビジネスによっては「購入頻度」と「継続購入期間」の聞き方に工夫が必要です。生命保険に「購入頻度」はありませんが、「継続購入期間」が非常に長いという特徴があります。「継続購入期間」は、年齢別に加入期間を比較したり、加入者と解約者を比較したりすることで、明らかにしていきます。

ＮＰＳなどの「代替指標」も取得することをお勧めします。前述の通り、短期的に取得しやすい代替指標が見つかれば、ＬＴＶ向上のＰＤＣＡが回しやすくなります。ビジネスそれぞれで、ＬＴＶが高い人に共通しそうな行動特性があるなら、それを把握するといいでしょう。例えば、「来店頻度」「ログイン頻度」のようなエンゲージメント指標や、「純粋想起率」「認知率」のような認知指標がＬＴＶに影響するケースがあります。

調査票作成ですぐに見直すべき質問内容とは？

ここまで考えれば、一旦は調査票を作ることができるはずです。

次に調査票を洗練していきます。まずは、各設問で「何か言いたいことが言えるか」を確認していきます。「恐らくこのようなアンケート結果になるだろう」という予想をした上で、その結果が得られることで、何かの証明や誰かの説得に使えるのか、という発想でチェックしていくのです。何にも使えないと思うなら、その設問は不要です。例えば、よくアンケートで聞いているからという理由だけで「職種」「業種」などを取得しても、その設問への回答結果だけでは何も言えないことがほとんどです。もしクロス集計の軸に使うことで、他の設問での回答結果が大きく割れる可能性があるなら取得してもいいでしょう。

本当は調査票を作るより前の段階で「言いたいこと」を洗い出すべきです。その上で「言いたいこと」を証明できるような調査票を作っていくのです。しかし、いきなり「言いたいことは何ですか？」と聞かれてもピンとこないかと思いますので、まずはたたき台となる調査票から作ることをお勧めしています。「言いたいこと」の1つは、洗い出したカスタマージャーニーの仮説が正しかったということで良いでしょう。そこに加えて、現状の方針が間違っている可能性が高いことを「証明」することも「言いたいこと」の1つです。社内で現状のオペレーションが「間違っている」と主張するにはエビデンスが必要です。この時点でエビデンスが取得できていれば、後から社内に説明して回る際に便利です。もちろんここで取得し切れなければ、追加でアンケートを行って構いません。

いずれにしても「言いたいこと」が特にない、漫然と取得している設問があれば、それは見直すべきだということです。

次に、各設問が誤解されず、正しく回答してもらえるかどうかを確認します。ヒアリング方法でも解説しましたが、ここでもできるだけ考えさせずに、脊髄反射的に回答できるように作ります。アンケートに回答する人は、ポイント目的か、ボランティア精神で設問に向き合っています。よほど簡単に答えられる設問でなければ、適当に入力されてしまい、回答結果がゆがんできます。

以下はよくある回答しづらいアンケートの特徴です。

- **設問文が長い、回りくどい**
- **似た設問が続くが、差が分かりづらい**
- **表形式の設問で、縦横の理解が難しい**
- **選択肢だけを見て回答すると、設問意図とずれることがある**
- **即答できる「過去の行動」以外を聞いている**

まずはこのような不具合がないか点検します。点検が終わったら、誰でも構いませんので、できるだけ多くの人に、このアンケートを見せて回答してもらいます。少しでも入力に戸惑った箇所があれば、教えてもらいましょう。それらを全て潰すことで、調査票のユーザビリティーが向上していきます。

調査票が完成すれば、それをアンケートフォームに実装し、メールなどで配信します。回答数が少なければ、メール配信回数を増やせば、増やした分だけ回答は増えていきます。十分な回答数が集まったら集計を開始します。

ここまで緻密に調査票を設計していれば、集計作業は簡単です。シンプルに各設問の項目別に回答数と割合を出します。加えて、ＬＴＶ指標と代替指標を他の項目とクロス集計するだけです。例えば、顧客接点側で「手続き漏れを確認してくれた」と回答してくれた人について、指標側で「ＮＰＳ」「契約単価」「継続期間」「解約数」などを集計するのです。これらの集計が終わったら、ＬＴＶに影響を与える要因が明らかになるでしょう。もちろん定量アンケートだけでは、「なぜ」その項目がＬＴＶに影響を与えるかまでは分かりませんが、「大動脈」の傾向だけはつかめます。

顧客は定期的な保険の見直し提案を期待している

Ｘ社の定量調査結果では様々な発見点がありましたが、一部だけ簡単に紹介します。まず代替指標であるＮＰＳは、ＬＴＶと相関していました。もともと、別の調査でも相関するとはいわれていましたが、実際にその関係性を見て取ることができました。ＬＴＶよりはＮＰＳのほうが、短期間かつ容易に取得できるため、施策の効果検証にはNPSも使っていくことになりました。

住所変更などの保全手続きでは、早速、代理店ヒアリングとのギャップが発見されました。代理店は「手続きスピードの速さ」「相手の立場を配慮した振る舞い」などが満足度につながると考えていました。しかしアンケート結果から、これらによるLTVやNPSの上昇は見られません。一方で「手続き漏れを確認してくれた」「請求漏れを確認してくれた」「保険の見直しを提案してくれた（営業してくれた）」が、LTVやNPSに効果のある体験だったのです。

代理店からすれば「手続き漏れ」「請求漏れ」は当然確認しています。普段から当然やっていることなので、特段効果があることだとは意識していませんでした。しかしこれが顧客には伝わっていないのです。「手続き漏れ」「請求漏れ」を確認してもらったという人の割合は、非常に少ないことがこのアンケートから分かりました。この例は4章の「Attract（引き付ける）」で紹介しました。プロ過ぎる振る舞いによって、顧客が「漏れ」を確認してもらったことに気付いていなかったのです。

「見直し提案（営業）」がLTVやNPSを高めることも驚きです。代理店からすれば、営業のし過ぎはネガティブな印象を与えると思っていたため、恐る恐るジャブを打ってきました。これはまさに「Trade（商売する）」のボトルネックです。顧客は定期的な保険の見直し提案を期待しているのです。もちろん保障の増額ばかりでは嫌気が差すでしょう。しかし保障の減額も含めて、ライフイベントに合わせた見直し提案はポジティブに受け取るのです。

「対面」のほうが顧客に親切は、代理店側の誤解だった

他にも、代理店が重視する「対面」コミュニケーションが求められていないことも分かりました。特に住所変更手続きでは「非対面」が求められます。メール、ＳＭＳ、ＬＩＮＥ、Ｗｅｂ会議、Ｗｅｂサイトなどで対応することが好まれます。当たり前ですが、住所変更をする際、保険以外にも様々な手続きがあります。役所、銀行、クレジットカードなど多くの手続きがあり、うんざりします。手続きの中には、Ｗｅｂサイトから数分で終わるものもありますし、わざわざ訪問しなければならないものもあります。この状況で、保険の手続きだけで来店を求められては、不快な気持ちになるでしょう。

代理店からすれば「対面」のほうが親切に違いないという発想ですが、そんなことは全くないのです。さらに言えば、代理店からすれば「Ｗｅｂサイト」を案内して、お客さま自身で手続きさせるのは「失礼」に当たると考えていました。しかし驚くことに「代理店からＷｅｂサイトを案内された人」はＬＴＶ、ＮＰＳともに上がることが分かったのです。引っ越し時の状況を想像すれば、この結果にも納得がいきます。代理店に問い合わせてみたら、Ｗｅｂサイトで手続きできると教えてもらい、わざわざ来店しなくてもよくなったとすれば、満足度が上がるのは当然でしょう。

Ｙさんと私はこのアンケート結果を見て、代理店ヒアリングで説明されたことと「全然違うじゃん！」と、最初は面白がっていました。一方で、今後この調査結果を持って、代理店にオペレーションを変更するように説得するのは、大変な作業になるだろうなと、少し憂鬱な気持ちにもなったのです。

7-4 定性インタビュー調査で行動の「順序」と「理由」を深掘り

「定量アンケート調査」では、多くの発見点が得られます。しかし、アンケートだけでは分からないこともあります。

１つ目は、行動の「順序」です。アンケートでは、一人ひとりが何を体験したかまでは分かります。しかし、一人ひとりが体験したことの順番まで把握するのは困難です。

２つ目は、行動の「理由」です。アンケートで何か傾向が見られたとしても、その理由は分かりません。厳密に言えば、フリーワードで取得するか、仮説ベースの設問を用意すれば、多少は聞くことができます。しかしフリーワードは的確な深掘りがしづらい上、集計工数もばかになりません。仮説ベースの設問は、仮説がずれていれば適当に回答されるか、「その他」を選ぶ人が大多数を占めてしまいます。

３つ目は、施策の「評価」です。アンケートでも簡単な施策案を見せて、どう思うか聞くことはできます。しかし施策案を、設問の中の「一言」で表せる場合に限ります。Ｗｅｂサイトのように情報量が多い施策案を評価することには向いていません。

このようにアンケートにも不得意なことがあります。これらを補うのが「定性インタビュー調査」です。

定性調査は顧客の解像度を高める最強の手段

定性インタビュー調査をしっかりやっている企業は意外に少ない印象があります。定量アンケート調査はやっていても、定性インタビュー調査をやっていないという企業もよくあります。定量調査のほうがN数が多い、つまり調査対象者のサンプルサイズが大きいため、社内説得に使いやすいのかもしれません。逆に言えば、定性調査は人数が少ないため「それは特殊な人なのでは?」「その少ない人数で正しい結果といえるの?」と突っ込まれるケースが多いのでしょう。

しかし定性調査は、顧客の解像度を高める最強の手段です。1人のカスタマージャーニーを深く理解することで、これまで仮説に過ぎなかったことが線でつながっていきます。私がもし異世界転生したときに、女神様に「何か1つだけインプット手段を授けます」と言われれば、間違いなく「定性インタビュー調査」を選ぶでしょう。

しかもよく言われる「N数が少ない」問題は、実際に定性調査を見たことがある人からは絶対に出てこない反応です。なぜなら通常5人くらいの調査をすれば、8割以上の発見点が見つかるからです。6~10人目になると、被験者が同じことばかり言うので、かなり飽きてきます。11人目を超えると、被験者が次に何を言うか、ほとんど予測できるようになり、見学している人は居眠りを始めます。

被験者を誰にするかも、よくもめるトピックです。うちのターゲットは特殊だからといって、細か過ぎる条件を付けるあまり、被験者が全く集まらないことがあります。

確かに、特定の商品やサービスのロイヤル顧客を集めなければなりません。その商品やサービスを使っている人が極端に少ないケースは、がんばってその顧客を探し出さなければなりません。しかしそれ以外の細かい属性条件は、いくらこだわっても大差ないことが分かっています。

飲み会で「あいつ変わってるよね」「あの人すごいよね」などとよく言いますが、「行動」を見る上でそんなことは全くなく、人類というものはおよそ大した差がありません。年齢や性別、性格、居住地、年収などの「顧客属性」が行動に影響を及ぼすことは、それほど多くありません。どんなに変わっている人でも、特定の状況下で、特定の行動を求められれば、普通の人と大差のない行動をするのです。

例えば、生命保険の住所変更手続きをする場合、わざわざ店に足を運ぶより、Ｗｅｂサイトで手続きしたいと思うかどうかは「顧客属性」の影響をほぼ受けないでしょう。Ｗｅｂサイトの操作が苦手な人ならあり得るかもしれませんが、今どきＷｅｂサイトを見ない人なんて、70歳を超えてもなかなか見つかりません。現在の70歳の多くは、40代でインターネットに出会っているのですから。

人の「行動」を変えるのは「状況」。性別で大差はない

「顧客属性」は「行動」に影響を及ぼさないとすると、何が行動に影響を及ぼすのでしょうか。それは「状況」です。どのような状況で、そのタスクに向き合っているか、ということが行動に影響を与えます。

だからこそ、前述した保険代理店へのヒアリングでは、「条件」を明確にした上で行動を聞くべきだと書いたのです。

例えば、Ｙａｈｏｏ！ ＪＡＰＡＮのトップページを開いたとき、次に何をするかは状況によって変わります。暇つぶしで開いた人は、上部中央のＹａｈｏｏ！ニュースを見に行きます。検索したい人は、検索ボックスをクリックします。オークションに行きたい人は、左のナビゲーションをクリックします。当たり前の話ですが、１つのＷｅｂページであっても状況によって、行動は大きく変わります。逆に顧客の「属性」に差があったとしても、例えば「男性」と「女性」とで、Ｙａｈｏｏ！ＪＡＰＡＮのトップページの見方はそれほど変わらないのです。

しかし、逆のことを言うようですが、被験者の選定にはこだわるべきです。調査結果には全く影響がないにもかかわらずです。それは「社内の納得感」を得るためです。社内が納得していない被験者で調査を進めると、後から調査結果に文句を付ける輩が現れます。面倒かもしれませんが、〝抵抗勢力〟を排除するために、被験者選びに付き合ってあげるのが、大人の振る舞いといえるでしょう。

幸いにもＸ社のＹさんは、無駄なこだわりを持っていない本質重視のクライアントだったため、被験者選びには全くこだわりませんでした。アンケート回答者からスピーディーに候補者を絞り、メールと電話で調査日程を調整していったのです。

最近の定性調査は、よほどの理由がない限りリモート会議システムで実施します。リモートのほうが、設備の準備が楽、被験者が緊張しない、被験者・見学者ともに参加しやすいなどのメリットがあります。それでもリモートではなく「対面」で実施するケースは、「紙」「店舗」などリアルな体験を調査しなければならないときです。

X社の定性調査もリモートで実施しました。合計6人の被験者を、次々インタビューしていきました。インタビュー手法は、前述したヒアリングと全く同じです。違いがあるとすれば「行動観察」をするケースだけです。

「行動観察」とは、「行動」をヒアリングする手法の亜種ですが、調査中に目の前で「行動」を再現してもらうことです。例えば、被験者にリモート会議システムの「画面共有」を依頼し、目の前でWebサイトを操作してもらうような調査手法です。

行動観察のメリットは、言葉では表現できない「何となく」の行動や、細か過ぎて「思い出せない」行動を把握できることです。ヒアリングだけでは、記憶に残っている印象的なことしか聞き出せません。行動観察であれば、その被験者が無意識に見飛ばしている情報や、被験者にとってはささいでも企業側が見せたいと思っている情報に対する認識まで把握できます。Webサイト、郵送物、アプリなど、何かしら検証したいチャネルが明確な場合は、行動観察をお勧めします。一方で、カスタマージャーニーを大まかに把握したいだけなら、行動観察まで実施しないときもあります。

顧客観察ではヨダレが出るほどの営業チャンスを生かせ

行動観察では重要な点が３つあります。「リアルな状況を設定する」「観察と振り返りを分ける」「バイアスをかけない」の３点です。

１つ目の「リアルな状況を設定する」とは、リアルな顧客の「状況」を特定するということです。非現実的な状況で操作されてしまっては、本当に欲しいインプットが得られません。例えばＷｅｂサイトなら、今まさに見たいＷｅｂサイトがあるケースや、過去に閲覧したＷｅｂサイトがあるケースは、それを再現するのが最もリアルです。難しい場合は、できる限りリアルな仮の状況を設定していきます。ただ今回のようにカスタマージャーニーを把握するだけなら、現実に利用したことがある人ばかりでしょうから、仮の状況を設定する必要性は少ないでしょう。

２つ目の「観察と振り返りを分ける」とは、顧客が行動している最中はなるべく邪魔をせず、極力話しかけない、対話しないようにするということです。「リアル」を追求するなら、行動中は１人で没頭して作業しているはずです。インタビュアーとの会話をしながらでは、リアルな行動を観察できません。被験者の行動が終わってから、順を追って行動を振り返り、なぜそのような行動をしたのか？何を考えていたのか？をヒアリングするようにします。

３つ目の「バイアスをかけない」は、本来知り得ない情報を事前に教えないようにするということです。例えば、「ＡＩアナリスト」という当社の商品を知らないユーザに、事前に「ＡＩアナリストという商品がありまして」と説明した上で、「デジタルマーケティングに活用できるツールを探してください」とお願いした場合、「AIアナリスト」を知っている前提での行動がスタートしてしまいます。行動観察の前は余計な情報を与えないように、最低限のヒアリングで済ませるように心掛けましょう。

行動観察を含むインタビューの進め方は、主に次のような流れになります。

1. インタビューの進め方を説明する
2. （バイアスをかけず）カスタマージャーニーをヒアリングする
3. （必要に応じて）ジャーニー上の顧客接点について行動観察を行う
4. 行動観察を振り返ってヒアリングする
5. バイアスをかけてもよいので、深くジャーニーをヒアリングする
6. ジャーニーの延長線で売りたい商品を営業する
7. 見学者からヒアリングする
8. インタビューを終了する
9. （被験者が退場し）関係者で発見点を共有し、改善方針を議論する

この中に「6. ジャーニーの延長線で売りたい商品を営業する」というステップを入れました。顧客調査では、顧客のリアルな背景やニーズをヒアリングした上で、商品やサービスをじっくり見聞きしてくれます。この状況は、営業担当ならヨダレが出るほどの、最高の営業チャンスなのです。定性調査で売れないような商品は、他に何をしても売れないと言っても過言ではありません。

もちろん1人の被験者に商品が売れても、全体の売り上げにはわずかばかりの影響もないでしょう。やっていただきたいのは、何があれば売れるのか？　というトリガーと、なぜ売れないのか？　というボトルネックを、隅々までチャレンジするということです。自らを営業担当者だと思って、あの手この手で商品を売り込めば、現状の顧客接点では説得できない顧客でも、何とかして落とすコミュニケーションを発見できる可能性があるのです。

家族ぐるみで入り込まないなら、逆にしっかり営業すべきだ

X社の既存顧客にインタビューする中で、まず生命保険という商材の特性が明らかになっていきました。そもそも保険は「低関与&高額」な商材です。顧客はそれほど興味関心が高くないにもかかわらず、非常に高額な商材です。検討に手間や時間をかけたくないし、考えることすら本来は面倒な商品です。

しかし高額なので損はしたくない、賢い選択をしたいという心理が働きます。関与度の高い高級ホテルのようなサービス品質は求めていません。手厚いおもてなしも、ウエットな接遇も刺さりません。

そのため、保険とは関係ないウエットなおもてなしは迷惑にすら感じます。例えば、保険に関係ない「誕生日のお祝いでご連絡しました」といった電話は嫌われます。友人が祝ってくれるのならまだしも、

保険の営業に祝ってもらってもあまりうれしくないし、むしろ何か売りつけられそうで不審に思います。

保険の代理店が好む「対面」の訪問や来店は、顧客が本来求めるものではありません。質疑が多い「新規契約時」や、手続きが複雑だと思う「給付金請求時」などは、対面コミュニケーションを望みます。それ以外は、できるだけ「非対面」で時間を取らないコミュニケーションを求めます。

顧客は、端的なアドバイスと手続きを、必要なときだけ求めています。一方で、今の保障が最適なのかは常に知っておきたいと思っています。しかし自分では判断がつかないので、保険のプロフェッショナルから気にかけてほしいというニーズがありました。

こうした生命保険の性質上、べったり家族ぐるみで営業してくるような生命保険会社の営業は嫌われることがあります。実際に被験者の中でも、すぐ家に上がり込んでくる保険の営業員に嫌気が差しているという発言がありました。家族ぐるみの付き合いなので邪険にしづらく、仕方なく保険に入っているというエピソードもありました。保険とは関係ない人間的な接点を増やされても、営業目的であることが透けて見えるため、迷惑がられるのです。

一方で、X社は顧客数が多く、営業人員が少ないビジネスモデルです。顧客からすれば手続き以外では接点がないため、「ちょうど良い距離感」だと喜ばれていました。しかし営業機会を見逃しているケースが多く、顧客からは全然営業してこないことを意外に思われています。これは被験者の発言ですが「ちょうど追加で入りたい保険を考えていて、営業してくるかなと思ったら、何も提案がなかったので、こちらからも言い出せずに結局入りませんでした」というようなことがあったのです。

		有事	
加入1年後（毎年）		保全	請求
契約内容確認郵送 → 保障見直し	引っ越しなど	マイページ コールセンター 店舗	手術など → マイページ コールセンター 店舗
・保険に関して湧いた疑問を解決したい ・今のままでOKか、たまに気にかけてほしい		・大した変更じゃないので、最速で手続きしたい	・お金に関わることなので間違いなく、かつスムーズに手続きしたい
(+) メールなどで確認 (+) 見直し希望確認 (+) 気にかけている感 (+) 費用が下がる提案 (−) 不要なおもてなし (−) 対面を強いる		(+) 非対面で接客 (+) 最速で手続き完了 (+) 手続／請求漏れ確認 (+) 見直し希望確認 (−) 対面を強いる	(+) 手続きの流れ説明 (+) 最速で手続き完了 (+) 手続／請求漏れ確認 (+) 支払い完了連絡
・平時でのメール連絡で顧客の状況を把握する ・年に1回、保障が最適か確認する連絡を入れる		・無理に対面を強いず、非対面で最速で手続きする ・手続き／請求漏れの確認を顧客にも認識させる ・営業チャンスがあれば逃さない	・手続きの全体像を説明するオペレーションをつくる ・手続き／請求漏れの確認を顧客にも認識させる

図表19　調査後のカスタマージャーニー

フェーズ	加入前	平時	
		加入時	加入1カ月後
主な顧客接点	テレビCM → コールセンター／店舗／Web → 資料	内容説明 → 申込書記入 → 審査 → 証券送付	契約ご確認 外部情報（テレビCM／他社営業／口コミなど）
顧客の期待	・自分の状況に合った保険を選びたい ・色々質問して疑問を解決したい	・スムーズに申し込みたい	・保険に入れて安心している
LTV影響要因	(+) テレビCMの好印象 (+) 他社考慮した提案 (+) リアルタイム質疑	(+) 対面での接客 (+) スムーズな手続き (+) 万一の場合の連絡先周知	(+) 加入完了の連絡
代理店への施策案	・特になし	・万一の場合の連絡先を念押しするオペレーションをつくる ・その後の非対面連絡用にメールアドレスなどを取得する	・加入完了後の連絡を徹底する

ここで見られるLTVボトルネックは、まず「Ｔｒａｄｅ（商売する）」です。営業すれば売れるものを、遠慮のし過ぎで見逃しています。べったり家族ぐるみで付き合う企業ほど、営業しないのはNGです。顧客も「今の保障が最適か?」と常々不安に思っているので、合理的な見直し提案は歓迎されます。

こうなれば当然「Ｓｅｎｓｅ（検知する）」にも課題があります。「適度な距離感」を保ち過ぎているがゆえに、顧客の状況が全くつかめていません。年に1度のライフイベント変化や請求漏れ確認は欠かせないでしょう。これらにはメールやLINEなどを使った、非対面手段が好まれます。

さらに「Ａｔｔｒａｃｔ（引き付ける）」にも改善余地があります。請求漏れや手続き漏れの確認をこっそりやっているのを、顧客側にもしっかり対応していると伝えなければなりません。

これらのボトルネックは非常に明快であり、対応する施策案は難なく思いつきます。この後、代理店の営業担当を交えたワークショップを実施し、自分たちがやるべき改善アクションを考えてもらいましたが、この調査結果さえあれば、誰でも難なく改善方針を立てられたのです。

図表19のようなカスタマージャーニーや、被験者から得られた発見点などを整理して、調査結果報告書をまとめます。いよいよこれを持って、代理店のオペレーションを変えていくのです。

7-5 調査結果で現場を説得し、地道に改善を遂行する

ここまでの調査が完了するのに、２カ月ほどの時間を要しました。これまではプロジェクトメンバーに閉じて進めるだけでしたが、ここから先は色々なメンバーを巻き込んでいかなければなりません。生命保険会社X社との取り組みも、この調査の後、２年以上も伴走しており、今日に至ります。本書の目的は、社内調整やオペレーション改革を論ずるものではないため、この２年間の出来事については割愛しますが、ざっくりとどのような流れで調査結果を用いて、LTVボトルネックを解消していったかということだけ紹介します。

「こういう取り組みをずっとやりたかった！」

調査結果報告書をYさんともすり合わせ、まずは今回のモデルケースとなる代理店Z社の社長に説明しに行きました。おもてなしにこだわりを持つZ社に気を使って、コロナ禍真っ盛りにもかかわらず、先方のオフィスまでYさんと私で訪問したのを覚えています。しかも２人とも普段あまり着ないスーツに

ネクタイ姿です。

Z社の社長に対して報告書を説明し、調査動画もお見せした結果、現状課題をしっかりと認識してくださり、改善方針についても合意してくれました。定量アンケート調査で取得していたZ社のNPSやLTVが、他の代理店と比べても突出して高いレベルではなかったことが後押ししたかもしれません。社長のGOサインが出たため、次は営業担当への説明です。ただZ社は複数の店舗があり、それらは東京各地に散らばっています。しかも日中は接客で忙しいため、なかなか伝える時間が取れません。まずは店長へ説明をすべく、リモート会議で時間をもらうことになりました。

一方的に説明して「この施策をやってください」と押し付けても、現場に浸透させるのは難しいように感じました。そこでこの時は、店長たちが自主的にやりたいと思う施策を洗い出してもらう、ワークショップ形式を採用しました。接客にこだわりを持つプロフェッショナル集団ですから、次々とアイデアが浮かんでくるかもしれない……という期待もあります。

まずは調査結果を簡単に説明し、その後「調査結果で意外だった点」を聞きました。前述した「手続き漏れ／請求漏れの確認」については、当然やっているはずなのに、顧客に認識されていないのを意外に感じる店長が続出しました。「万一の連絡先の確認」についても、全員に徹底しているはずなのに、それが伝わっていないことを「意外だ」と言う店長もいました。「誕生日のお祝い電話」については、ただお祝いするだけなら、むしろマイナスの印象を与えているのではないか、という議論も出ました。総じてこのワークショップは盛り上がり、現状のオペレーションを振り返る良いきっかけになったのです。

続いて「調査結果を受けてやるべき施策案」というテーマでもディスカッションをしました。皆さん第一線で接客しているプロフェッショナルですから、思った通り次々と具体的なアイデアが出てきました。明日からすぐ実行できる案もありますし、一部は書類やシステムの改善が必要なものもありました。しかし店長たちは皆前向きに、やるべきことの洗い出しに協力してくれたのです。

Ｙさんと私の間では、現状のオペレーションを否定するような調査結果が含まれるため、もしかしたら反発されるかも……という不安がありました。しかしリアルな顧客の声であることは間違いないし、おもてなしにこだわりを持つＺ社だからこそ、真摯に調査結果を受け止めて、前向きに改善アクションを考えてくれたのだと思います。

店長の中には「こういう取り組みをずっとやりたかった！」と言ってくださる方もいました。Ｚ社は顧客への信頼獲得を第一に優先する経営方針でありながらも、Ｘ社からは「短期売り上げ」で報酬を受け取ります。営業担当たちは、この矛盾に日々悩みながら仕事をしていました。そんな時、Ｘ社から「長期売り上げ」のため、顧客が本当に望んでいる接客を評価する取り組みを始めたのですから、うれしくないはずがありません。

この後、Ｙさんはアクションの実行を確実なものにするため、店舗一つ一つに足を運びました。店長一人ひとりと対面し、課題感やアクション実行のためにサポートできることを聞いて回ったのです。こうした本当に地道な対話によって、ＬＴＶ向上の施策は実行されていったのです。

郵送アンケートで効果測定。長期視点でＬＴＶやＮＰＳの向上目指す

ＬＴＶ向上施策を現場に浸透させるのと同時に、その効果測定の体制も整備していきました。まずはモデルケースとして選ばれた代理店で手続きした顧客に対して、郵送アンケートを取る仕組みをつくりました。新規契約時、契約1年後、保全手続き時、請求時に、代理店の対応が完了したら、すぐアンケートを送るのです。これはＷｅｂアンケートでも構いませんが、メールアドレスの分からない顧客も一定数いたため、まずは郵送式で始めました。

このアンケートではＬＴＶやＮＰＳといった評価指標と、今回の接客で受けた体験や印象を把握します。さらに代理店側が、どのくらい改善アクションを実行しているかも計測しています。代理店が接客履歴を入力するシステムがあるのですが、そこに実行したアクションを記入してもらえるように周知しました。

店長へのワークショップから1年くらいたった時、郵送アンケートの結果にも、ようやく改善アクションの成果が現れ始めました。改善したオペレーションを受けたという人が増え、それを受けた人のＬＴＶやＮＰＳが向上したのです。結果的に、全体のＬＴＶやＮＰＳも向上していました。

Ｙさんはこの結果を持って、Ｘ社の経営陣に説明して回りました。今まで「短期売り上げ」だけで評価してきたＸ社からすれば、画期的な取り組みです。将来的に人口が減り続けることが確定した日本では、ＬＴＶに目を向ける以外に、生命保険会社が生き残る道はありません。

今後はさらに多くの代理店への浸透を目指します。現時点でも数社のモデルケースから成功事例が出ています。そこからさらに全社展開を目指すことになります。そのために必要な「証拠」があれば、追加調査をすることもあるでしょう。実際この２年間に何度か追加調査を行いました。

加えてこの活動が「長期売り上げ」に貢献していることも、より明確に数字で示していかなければなりません。最終的には「長期売り上げ」ベースで、代理店に「報酬還元」できるようにすることが目標です。そうすればＺ社に所属する営業担当が悩むこともなくなりますし、Ｘ社の未来も開けてくるのではないでしょうか。

最後に、このプロジェクトを成功に導いた要点をまとめると「顧客理解の解像度アップ」と「売り上げに対する貢献の証明」の２つだといえるでしょう。顧客理解から導出されたボトルネックであれば、解消しようという旗振りに対して、誰も「ＮＯ」とは言えません。プロジェクトに関わるメンバーに共通認識を持たせて、スムーズにトライアルを開始することができました。さらにこのトライアルによる売り上げの貢献をしっかり証明したことで、プロジェクトの推進に勢いが付きました。

本書の冒頭でお伝えした通り、ＬＴＶとは企業視点と顧客視点の両方が必要です。これらをバランス良く持ち合わせて社内を動かしていくことが、真のＬＴＶ向上プロジェクトなのです。

本章のまとめ

- 多くの企業は「短期偏重」に危機感を抱いているものの、長期のLTVに向き合うための「計測指標」に納得感がない。さらに言えばカスタマージャーニーをしっかり把握できておらず「顧客理解」がぼんやりしている。
- まずカスタマージャーニー仮説を洗い出す。顧客との接点を時系列に洗い出し、各接点でLTVに影響がありそうなものを書き出していく。洗い出しの幅を広げるため、顧客に接している営業・サポート担当者にヒアリングする。
- ヒアリングやインタビューでは、「意見」ではなく「行動」を収集することに集中する。「行動」を聞くときは、その行動の前提条件を明確にする。投げかける質問は、できるだけ相手が頭を使わずに回答できるようにする。

- 定量調査では「定性調査の被験者収集」「カスタマージャーニーの大動脈把握」「LTVに影響する代替指標と顧客接点の把握」の3つを目的に調査票を作成する。調査票作成後に、各設問で「結果から言いたいことが言えるか？」「誤解せず正しく回答できるか？」を確認する。
- 定性調査では行動の「順序」と「理由」の把握、さらに施策の「評価」を目的とする。通常は約5人の被験者に対する調査で、8割以上の発見点が見つかる。行動は顧客の「属性」より「状況」の影響を受けるため、被験者の条件にこだわり過ぎる必要はない。
- 定量・定性の調査は約2カ月で得られる。しかし調査結果を用いた施策実行は長い道のりであり、関係者への地道な説明・説得が必要。

Column

三井不動産グループのLTV改善アプローチ

生命保険会社Ｘ社の事例では、ＬＴＶ向上のため「顧客調査」から始めたパターンを解説しました。このコラムではＬＴＶ向上のために、小さくても早い段階における成功事例を目指す「Ｑｕｉｃｋ Ｗｉｎ（クイック・ウィン）」を意識した別のパターンを紹介します。その企業は三井不動産です。同社も生命保険会社Ｘ社と同じくらい長く支援しており、２年以上のお付き合いになります。本書で紹介してきた不動産業界の事例は、三井不動産以外の企業も多く含まれていますが、ここでは三井不動産に絞って状況を詳細に解説していきます。

私のクライアントは三井不動産のＤＸ本部ＤＸ二部にある「＆Ｍａｒｋｅｔｉｎｇ」チームです。このチームのミッションに、三井不動産グループ全体のマーケティング力を強化し、事業貢献を目指すというものがあります。三井不動産グループには、「三井ガーデンホテルズ」のようなホテル事業、商業施設事業、住宅事業、さらには様々な社内ベンチャーなど、幅広い不動産事業が存在します。これらは全て別々の事業部門やグループ企業に分かれています。

今までは、それぞれが個別にマーケティングを展開してきました。そこに外部知見である私の「定石」を取り入れるという取り組みがスタートしたのです。２０２２年度上期のプロジェクト開始以来、既に7事業20プロダクトものマーケティング方針の改善に携わっています。

「デジタルマーケティングの定石」で信頼獲得から始める

三井不動産本社のＤＸ本部から、様々な事業部門・グループ企業に対して、「これからマーケティングを教えますよ」というスタンスでコミュニケーションを取っても、困惑させてしまうだけでしょう。ＤＸ二部としては、各事業のマーケティング担当にとって、本当にメリットがある支援をしなければなりません。加えて言えば、これを通じて人間関係を構築していかなければならないのです。

そのための足掛かりとなるのがＱｕｉｃｋ Ｗｉｎです。拙著『デジタルマーケティングの定石』にも書きましたが、マーケティングの中でもデジタル領域は「定石」と呼ばれる、ほぼ確実に成果を出せる施策がいくつかあります。これが世の中には意外に知られていないため、この「定石」を使って、各事業部門で成果を出し、信頼を獲得するという営みから始めたのです。

私の「定石」は、本書で記載したプロセスを通じてつくられていますから、当然ＬＴＶ向上にも貢献します。「定石」を使ったＱｕｉｃｋ ＷｉｎからＬＴＶ向上をスタートするというのも悪くありません。本書のアプローチのように「カスタマージャーニー全部を見直すために顧客調査しましょう」という提案では、事業部門から反発を招くこともあり得ます。事業部門も日ごろからカスタマージャーニーを考え、マーケティング施策をやってきたのですから。

ロイヤルティープログラムを顧客視点で構築中

Ｑｕｉｃｋ Ｗｉｎに適した施策は、実装が簡単で、すぐに数字が伸びるものです。〝鉄板〟施策は、メールマガジンの改善、広告のランディングページの改善、広告運用の効率化などです。デジタルマーケティングの施策は、わずかに変えるだけで大きく数字が変わるため、Ｑｕｉｃｋ Ｗｉｎに最適です。

わずかな変更で数字が伸びれば、事業部門の方々も興味を持ってくれます。最初は「うさんくさいし、偉そうなやつが来たなあ」くらいにしか思われていなくても、コストをかけずに数字を伸ばしたのですから、他にも何かやってみたいと思ってくれます。

例えば三井ガーデンホテルズでは、メールマガジンの改善でQuick Winを実現しました。我々が支援する前、メールマガジンの送信頻度は月１回程度でした。これほど頻度が低かった理由は、まず配信数を増やすことで顧客からクレームが来るのではと不安に思っていたためでした。加えて、メール１通の制作に時間がかかり過ぎていたという理由や、そもそもメールマガジンの効果にそれほど期待していなかったという理由もありました。

まず我々からの提案では、メールマガジンで成果を出すために、最も有効な施策は配信数の増加である点を強調しました。加えて配信数を増やしたとしても、クレーム率や配信解除率は上がらないというデータを示し、配信頻度増加の説得を試みました。いきなり大幅に頻度を増やすのはためらわれるため、まずは月１回から月２回に増やし、ネガティブな反応がなければ徐々に増やしていくという方針にしました。

さらに送信頻度を増やすため、メールマガジンの簡素化も追求しました。１つのメールで訴求するメッセージを１つに絞り、同一のテンプレートにテキストを流し込むだけで送れるようにしたのです。後は細かく開封率やクリック率が上がる仕掛けを入れたり、工数削減のために配信ツールを見直したりしていきました。こうした地道な改善の結果、直近の配信頻度は週１～２回まで伸ばせました。肝心のメールマガジン経由の宿泊予約数も配信数に比例して大幅に増やすことができたのです。

このようにメールマガジンの改善は、工数やコストをかけずに成果が出やすいため、Quick Winに最適です。三井ガーデンホテルズとはこの施策をきっかけに関係性を強化でき、その後もWebサイトやアプリ、顧客調査などにまで協業範囲が広がっています。

Quick Winの次は、少しだけ実装が面倒な領域に踏み込んでいきます。インサイドセールス、アプリ、Webサイト、SEO（Search Engine Optimization＝検索エンジン最適化）、マーケティングオートメーション（MA）活用などです。これらはすぐに成果が出ないものもありますが、定石に沿って提案していくことで、信頼関係は強固になっていきます。

ここまで来てようやく顧客調査を伴うカスタマージャーニーの見直しという話ができるようになってきます。

今では、グループを横断したロイヤルティープログラムを顧客視点で構築しようという議論も始まりました。ロイヤルティープログラムといえば、本書の冒頭でもお伝えした通り、顧客視点が欠如して失敗しがちな施策です。それでも顧客調査を踏まえて現実的な解に落とし込もうとしているのは、これまでの営みがあったからこそと言えるでしょう。

第 8 章

LTVの成果を「見える化」する

効果を計測するKPIの設計方法

8-1 ＬＴＶのＫＰＩは妥協してでも「売り上げ」につながる〝数字〟を示せ

世間一般で「ＬＴＶ」は、成果が出ない施策を擁護するための〝言い訳〟に使われる言葉になりつつあります。現場担当者は、経営者から長期視点での施策を求められます。当然ながら短期的な売り上げには効果がない施策です。そこでＬＴＶに関連する指標を設定し、長期施策を評価しようとします。しかし評価する段階になって、経営者からは「売り上げ」への貢献を求められるのです。

結果的に、ＬＴＶは言い訳の道具のように見られてしまいます。長期を見据えた施策が必要なことは誰もが分かっています。それでも、結局は「長期的な売り上げ」につながっていることを示さなければならないのです。そうでなければ誰も納得できません。ＬＴＶ向上を目指すなら、その成果を「見える化」すべく、長期的な売り上げにつなげる〝数字〟を示すことから逃げてはならないのです。

ＬＴＶを計測する「完璧な指標」など存在しない

そのために、まず必要な合意形成があります。ＬＴＶを計測する「完璧な指標は存在しない」ことを認めることです。つまり、妥協した指標を受け入れなければならないのです。

なぜならＬＴＶは「生涯」価値ですが、生涯という期間は未来のことです。実測することができません。このお客さまが、今後10年買い続けてくれるのか、1回だけで去ってしまうのかは分かりません。10年後に顧客単価が10倍になっているかもしれませんが、当然それも分かりません。

ストイックに追求するなら、未来予測を始めることになります。しかしそれが正しいかどうかは歴史が証明するものです。いまだに株価を完璧に予想できる人間もＡＩも存在しません。未来予測という技術は、タイムマシンでもない限り永久に不完全です。そんな未来予想が必要になる指標など、日々様々な判断を下さなければならないマーケティングの現場で使えるはずがありません。

ＬＴＶ向上のＫＰＩ（重要業績評価指標）は、極論すればＬＴＶにほんのわずかでも相関してさえいれば構いません。もっと言えば、短期売り上げに傾倒しそうなとき、長期利益視点を少しでも失わないようにできる指標ならそれでいいのです。加えて、ＬＴＶには「企業視点」と「顧客視点」の両方あることを忘れてはなりません。企業視点で長期利益を追求すると同時に、顧客視点での価値（満足度）を追求するＫＰＩになっていなければなりません。

カスタマージャーニーを把握した上で、ＬＴＶボトルネックを解消する活動が促進されるようなＫＰＩを設定する必要があります。これはボトルネックを把握していれば、その障害を取り除けたかどうかだけなので、ＫＰＩにするのは容易でしょう。満足度を測る各種指標でも構いません。

顧客視点でのＬＴＶを計測しなければならないという意識だけあれば、間違うことは少ないでしょう。

やがて疑念を抱かれる「ＮＰＳ」の不幸な末路とその対策

後は〝納得感〟の問題だけが残ります。

これまでにも様々な企業でつくられたＬＴＶ指標は、時間の経過とともに疑念の目で見られます。「ＮＰＳ」はその典型でしょう。ＮＰＳを初めて計測した日、その担当者は「これからはＮＰＳが、短期売り上げに代わる重要指標になるだろう。がんばって伸ばしていかなければ！」と意気込むものです。経営者もＮＰＳという何となく新しいものに興味を持ち、最初はその推移に目を光らせます。競合他社とＮＰＳを比較して一喜一憂したりもします。

しかし、数カ月、数年間とＮＰＳを取っていくうちに、「これって何の数字だっけ？　これが上下すると何かあるんだっけ？」と皆の中で興味が薄れていき、指標が形骸化していきます。定量アンケート結果の報告書には「ＮＰＳ」というページがあるのに、調査結果の報告会ではスルーされる始末です。

一方で、短期売り上げは厳しく追求され続けます。上場企業なら株主から、非上場企業なら経営から、売り上げ目標の達成プレッシャーはかかり続けます。

スタート時点では、短期売り上げとＮＰＳの綱引きだったゲームが、いつの間にか、売り上げだけが綱を持ってひたすら走るだけの、〝綱引きずり〟というゲームに変わってしまうのです。

私はＮＰＳという指標が悪いと主張しているわけではありません。興味を持ち続けられないことが問題なのです。

金魚や熱帯魚を飼ったことがある人なら経験があるかもしれませんが、初めのうちは何回も餌をやったり、かいがいしく水を替えてコケを取ったりしていたのが、1~2年たつうちに水槽をコケまみれにしてしまい、魚が死んでも何とも思わなくなるのと同じです。これも熱帯魚が悪いわけではなく、興味を維持できないことに問題があるのです。

私は今も熱帯魚を飼育していますが、飽きないためのマイルールを導入しています。それは水槽のレイアウトを全て変更する「リセット」を、3カ月に1回実行するというルールです。水を全て抜き、底に敷いている砂を全部捨てて、水草を全て入れ替え、全く新しいレイアウトにするのです。これは水槽のレイアウト技術を向上させるという目的意識を持つために、自らに課しているルールです。もし一度レイアウトした水槽をそのまま何年も維持しろといわれたら、私にとっては目的意識を持ちづらいタスクになるため、すぐに興味を失ってしまうでしょう。

何を言いたいのかと言えば、企業に所属する人にとって、LTVに対する興味を失いにくい環境を整えてしまえば、その指標はNPSだろうが何だろうが持続力を持つのです。納得できる指標をつくっても構いませんが、指標に興味を持てる「環境」をつくってもいいのです。

8-2 短期で測れるLTVのKPIをつくり、PDCAに活用する

納得できる指標でも、指標に興味を持てる環境でも構わないという話をしましたが、まずは前者から話していきましょう。一番分かりやすく納得できる指標は、長期の売り上げにつながる指標です。それなら「中期（１～３年）」を指標にすればいいのです。短期売り上げに近い指標ですが、月次売り上げに一喜一憂するような会社であれば、「中期」は長期視点を持つのに十分機能するでしょう。

顧客一人ひとりに向き合う「1年LTV」の利点

ある総合通販会社は「１年ＬＴＶ」という指標を導入していました。これは１人の顧客が１年間に購入した合計売上高です。厳密にはＬＴＶではありませんが、分かりやすくするためにＬＴＶと呼んでいました。１年に何回も購入される通販会社では、「１回の購入」や「毎月の合計売上高」に目が行きがちです。それを中期視点にするために役立つ指標です。この指標は明らかに売り上げに影響するため、誰からも文句を付けられません。顧客一人ひとりの数字ですから、顧客視点でのＬＴＶ、つまりは顧客が企

業から受け取った価値も簡易的に評価できます。

このように1年間に絞って、顧客一人ひとりに向き合う「1年LTV」は、LTVのKPIとして1つの解になると考えています。

1年LTVは現実的なKPIになり得ますが、1カ月に1回のような頻度では、さすがに計測できないという欠点があります。マーケティングの現場は1カ月に1度くらいのスピードでPDCAを回します。毎月評価できるようなKPIでなければ、日々の判断に支障をきたします。1年LTVは半年~1年で振り返る指標としては優れていますが、月次のPDCAには使えません。

そこでより短期の指標を「併用」することをお勧めします。まずは「1~3年LTV」に相関することが証明された「代替指標」を使う方法があります。NPSを使うならここでしょう。もちろんNPSに限らず、1年LTVに相関することを1年に1回でもアンケートなどで証明できていれば、その指標は代替指標として認められます。

第7章で紹介したカスタマージャーニーを洗い出す工程で見つかった、LTVに影響がありそうな指標を使うのもいいでしょう。私が支援するプロ野球球団では、Webサイトを月に1回見る人よりも、毎日見る人のほうが、この球団のために使う金額がN円多いというデータを持っています。それならWebサイト運用のKPIに「Webサイトを毎日見る人数」を設定すればいいのです。Webサイトに毎日アクセスしてくれる人は、毎日、次行ける試合がないかとスケジュール表を見てくれます。必然的にチケットを購入し、さらにグッズ購入や球場での飲食店利用につながります。この指標は、購入頻度が一定以上高いビジネスでしか使えないＫＰＩですが、同じようにカスタマージャーニーをひもとくことで、適切な指標を定義できることがあります。

「ＬＴＶボトルネック」の解消をＫＰＩに設定する

本書のテーマでもある「ＬＴＶボトルネック」を解消できたかどうかを確認する指標もＰＤＣＡに有効です。カスタマージャーニーの障害は、誰もが「悪いこと」だと認識できます。ＮＰＳは色のない数字に過ぎないため、なかなか感情移入できません。一方で、顧客とのすれ違いが発生しているＬＴＶのボトルネックについては、誰もが意味的に理解できるのです。

例えば、生命保険会社X社における「Ａｔｔｒａｃｔ（引き付ける）」のボトルネックだった、「手続き漏れの確認が、認識されていない」という課題であれば、「手続き漏れを確認してもらったと認識した人の割合」をＫＰＩに設定すればよいのです。この障害を解消しようと、皆が努力しているのであれば、この指標が形骸化することはありません。ある時点でこの指標を見なくていいほど、数字が改善するかもしれません。そのときはプロジェクト完了の祝賀会を開いて、ＫＰＩを追うのをやめればいいでしょう。

ＬＴＶボトルネックの解消を指標として改善に取り組むなら、それによって1年ＬＴＶかその代替指標の改善につながっていることを証明しなければなりません。マーケティングの現場ではＬＴＶボトルネックだと思っていたものが、実はそれほどＬＴＶに影響しなかったということもあります。もしそのボトルネックの解消が、売り上げにつながっていない場合は、潔くそのＬＴＶボトルネックを見捨てましょう。そして新たなＬＴＶボトルネックの解消に精を出せばいいのです。

指標を維持する「環境」づくりでは、組織の長が〝本気〟を示せ！

次に指標に興味を持てる「環境」づくりについて紹介します。これに関しては様々な工夫があり得ます。自社の風土に合わせて、色々と試せると思います。例えば生命保険会社X社がモデルケースとした代理店Z社では、「ＮＰＳの表彰」を取り入れています。ＮＰＳで最高点を取った従業員を経営者が表彰するイベントを定期的に開催しています。高評価をくれたお客さまの声を読み上げ、その従業員の接客を褒めたたえます。さらにその接客手法を紹介し、全従業員がそれを日々の業務に取り入れるのです。

これまでお客さまの信頼獲得を企業理念としつつも、「短期売り上げ」でしか評価されなかった従業員からすれば夢のような表彰です。このようにして、ＮＰＳに興味を持つ環境を作り出しているのです。

環境づくりに必要なのは、組織の長がその指標にコミットしているという姿勢です。表彰でもいいでしょうし、ＩＲ資料に入れるのでもいいでしょう。定例会議で熱量を持って語るだけでも構いません。いずれも、組織の長が本気であることを示せれば、それだけでいいのです。たとえ「ＮＰＳって何？　食べられるの？」と心の中で思っていたとしても、その組織の長である以上は、必死になってそれを追い求めるように振る舞うことこそが、最も重要な「環境」なのです。

8-3

定期的な「定量・定性調査」で効果を測定する

ＫＰＩが定まれば、後は計測するだけです。多くの場合、ＬＴＶを計測するには定期的な「定量アンケート調査」が必要です。アンケートというと「そんな古典的な手法で？」と思う方も多いでしょうが、これ以外にＬＴＶを計測する方法がないなら、古かろうが新しかろうが使うしかありません。

自社顧客への定量アンケート調査を定期的かつ安価に続けるには、顧客の連絡先を把握していることが不可欠です。「Ｓｅｎｓｅ（検知する）」の章でもお伝えした通り、メールアドレスをはじめとした顧客の連絡先取得は、現代のマーケティングにおいて絶対に必要です。

定量アンケート調査は10年以上続けるつもりで取り組む

定量アンケート調査は、当然ですが各種ＫＰＩを取得できるように設計します。さらに前述の「顧客接点」を把握する項目も、一緒に聞いておくことをお勧めします。このアンケートは、最低10～30年くらいは続けるつもりで始めてください。10年も続ければ、顧客接点に変化が生じる可能性があります。大きな時代の変化を知るためには、長期にわたって同じデータを取っていなければなりません。

加えてこの定量アンケート調査では、直近の顕在化したニーズがあるかどうかも聞くべきです。ニーズが顕在化した顧客には、このアンケートをきっかけに営業すればよいのです。Senseの頻度が高まり、「Trade（商売する）」のチャンスが見つかるということです。

定期的に実施するのは定量アンケート調査だけではありません。定性インタビュー調査も、定期的に実施することをお勧めします。

常に顧客や環境といった〝状況〟は変化します。定期的に自社顧客へのインタビューを実施していれば、最速で変化に気付くことができます。

さらに定性インタビュー調査は、自社メンバーの教育に最適です。リアルな顧客を知っているかどうかで、仕事の精度に大きな差が出ます。特に新任担当者ともなれば、最低１００人くらいは定性調査を見学してもいいと私は考えています。私が今この仕事に携われているのも、累計４０００人以上のインタビューを、目の前で見てきたからにほかなりません。時間の許す限り、リアルな顧客は定期的に見ておいたほうがいいと、私の経験則から断言します。

本章のまとめ

- ＬＴＶを向上する活動であっても、経営者からは結局「売り上げ」への貢献を求められる。ＬＴＶ向上を目指すなら、その成果を見える化すべく、「長期的な売り上げ」につながる〝数字〟を示すことから逃げてはならない。
- ＬＴＶのＫＰＩに「完璧な指標は存在しない」ことを認めなければならない。ＬＴＶにほんのわずかでも相関していれば、長期利益視点の維持に貢献する。
- 「企業視点」で長期利益を追求すると同時に、「顧客視点」での価値を追求するＫＰＩになっていなければならない。
- 一番納得しやすい指標は、長期の売り上げにつながる「中期（１〜３年）」の指標である。例えば「１年ＬＴＶ」という、１人の顧客が、１年間に購入した合計売上高はKPIの好例といえる。

- マーケティングの現場は1カ月に1度くらいのスピードでPDCAを回すため、「1年LTV」よりも短期で使える指標が必要になる。「LTVの代替指標」や「LTVボトルネックの解消率」が指標になる。
- LTVへの興味を失いづらい環境を整備してしまえば、その指標は持続力を持つ。納得できる指標をつくってもいいし、指標に興味を持てる「環境」をつくっても構わない。「環境」づくりに何より大事なのは、組織の長がその指標にコミットしているという姿勢。
- LTVを計測するには定期的な「定量アンケート」が必要になることが多い。加えて定期的な「定性インタビュー調査」も、環境変化の把握や人材育成に有効。

おわりに

私は自他ともに認める「コスパ厨《ちゅう》（コスパに並々ならぬこだわりを持つ人）」です。コストパフォーマンスに優れる商品やサービスに美徳を感じます。服はユニクロ、山登りはモンベル、車はホンダのフィット、身の回りのものは全て品質の割に安価な商品で埋め尽くされています。

もちろん、コストもパフォーマンスも人によって感じ方が異なります。例えば私の母は、50年以上前の少女漫画を大切に保管していますが、メルカリで売ったら10円にもなりません。私の母は、常人には理解し難い謎のパフォーマンスを、その漫画に対して感じているのです。

コストの感じ方にも個人差があります。お金がなかった学生時代は東京23区内ならどこでも自転車で行きましたが、今は時間がもったいないので迷わず電車を使います。

そんな私の主観的なコストパフォーマンスという概念から、世の中の「LTV」への向き合い方を見たときの違和感もあって、この本はスタートしています。

私たちが何か商品やサービスに接したとき、困ったり不快に思ったりすることはそれほど多くはないでしょう。日本国内で手に取れる商品・サービスにおいて、そんなひどい品質にはめったにお目にかかれません。言い換えれば全ての商品・サービスが〝惜しい〟ところまで来ているのです。「MAST」で言えば、わずかに出会えていなかったり、魅力が伝わっていなかったり、営業タイミングを見逃していたり、押しの一手が足りなかったり、わずかなボタンの掛け違いでLTVを損なっている商品やサービスがあまりに多いのです。

私は大手企業と仕事をすることが多いのですが、大手企業の皆さまが作る商品やサービスは、信じられないほど深く考えられており、過剰なほどの品質管理がなされています。長い歴史で培われた日本製品は、圧倒的なまでの「過剰品質」です。これ以上コストをかけて何かを付け加えたりしたら、利益を圧迫して会社が衰退する一方です。

日本企業はもっとコストパフォーマンスを追求しなければなりません。いらないものはいらないと断じて、コスト削減をしなければなりません。必要なピースは既にそろっていることがほとんどです。ＬＴＶに関して言えば、ボトルネックを潰せば終わりです。

それにもかかわらず「ＬＴＶ」という言葉に勝機を見いだしたベンダーや、出世の道具にしたい浪費家の広告主が、全く必要のない「ＬＴＶ」施策を打ち出し、成果が出ないまま言い訳して終わるのです。私は同じマーケティング業界に属する人間として、そんなコストパフォーマンスの悪い世界を許せません。ＬＴＶを伸ばしたいなら顧客を見ればいいだけです。余計な囲い込み、データ分析、ブランディング、などなど全てが不要です。

私にとって「顧客理解」のパフォーマンスは非常に高く、コストを払ってでもとにかく手に入れたいものです。上場企業の代表になった今でも、クライアントのコンサルティング案件で、自ら定性インタビューを定期的に担当するほどです。

そういう意味では、本書は私の個人的かつ主観的な「顧客理解」の押し付けにほかならないのかもしれません。私の母が50年以上前の少女漫画を押し売りしてくるようなものです。そこは割り引いて読んでもらったほうがいいのかもしれません。

私がそこまで「顧客理解」にこだわる理由は、どうしても予想し切れないことが、常に２～３割はあるからです。これだけ顧客調査をしていれば、次に顧客がどんな反応をするか、７～８割は想像できます。定性調査を見学しているクライアントからすれば、調査結果の全てが驚きの連続かもしれません。しかし調査を進行している私からすれば「まあそうだよね」ということが大半です。そんな私でも、毎回の調査で発見することのうち、２～３割は新しい発見なのです。

人間の行動原理はほとんど変化しません。私はこの業界に20年いますが、デジタルマーケティングの勝ちパターンは20年前から何も変わっていません。唯一スマートフォンの登場により、若干新しい顧客行動が増えたくらいです。それくらい人間の原理原則は変化しません。人類は５００万年も存続している種なのですから、わずか数年で原理原則が変化するわけもないでしょう。

しかし顧客の「状況」は様々です。わずかに「状況」が変化しただけで、顧客の反応は１８０度変化します。「状況」を読むのは、「空気を読む」ことと似ています。どれだけ相手のことを知り、相手の様子を観察したとしても、相手の感情を完全に読み切るのは不可能です。それと同じように「状況」を１００％読み切ることなどできないのです。しかし一度その「状況」で行動を観察できれば、その知見は次に生かせます。

顧客を理解することに終わりはなく、それゆえ、飽きずに楽しめます。マーケティングという仕事をする上で、これ以上ないモチベーションになると思いませんか？　小手先のテクニックやバズワードなんか追っかけるより、５００万年間変わらない人類が「状況」に振り回されて、新たな行動を引き起こす原理を追求するほうが、私の性に合っています。皆さまに少しでも共感していただき、本書をきっかけに顧客理解を深め、ＬＴＶ向上を追求してくださることを願っております。

こんなところまで本書をお読みくださり、本当にありがとうございました。最後に本書の執筆にご協力いただいた皆さまに御礼を申し上げます。まず日ごろから我々と一緒にＬＴＶ向上プロジェクトを推進してくださっているクライアントの皆さま、いつも本当にありがとうございます。次に事前に原稿をレビューしてくださった、ＳＯ Ｔｅｃｈｎｏｌｏｇｉｅｓ株式会社 執行役員ＣＭＯの長谷川智史さん、渡辺春樹さん、まこりーぬさん、西岡咲さん、稲葉優さん、飯塚光太さん、ありがとうございました。最後に急ピッチで本書の編集・仕上げを進めてくださった日経クロストレンドの酒井康治さん、寺村貴彰さん、松元英樹さん、本当にありがとうございました。

２０２３年６月

垣内勇威

著者略歴

垣内勇威　（かきうち・ゆうい）

株式会社WACUL 代表取締役

東京大学卒。ビービットから、2013年にWACUL入社。改善提案から効果検証までマーケティングのPDCAをサポートするツール「AIアナリスト」を立ち上げる。2019年に産学連携型の研究所「WACULテクノロジー＆マーケティングラボ」を設立。研究所所長および取締役CIO（Chief Incubation Officer）として、新規事業や新機能の企画・開発およびDXコンサルティング、大企業とのPoC（概念実証）など、社内外問わず長期目線での事業開発の責任者を務めてきた。22年5月に同社代表取締役に就任。著書に『デジタルマーケティングの定石 なぜマーケターは「成果の出ない施策」を繰り返すのか？』『BtoBマーケティングの定石　なぜ営業とマーケは衝突するのか？』（両書共に日本実業出版社）がある。

日経クロストレンド

「マーケティングがわかる　消費が見える」を編集コンセプトとするオンラインビジネスメディア。顧客相手のビジネスを展開している限り、携わるすべての人が「マーケター」です。顧客に寄り添い、課題を解決するヒントを探るべく、日経クロストレンドでは、マーケターのためのデジタル戦略、消費者分析、未来予測など、多彩なテーマの記事を平日毎日お届けします。また、第一線で活躍するマーケターを招いた各種セミナーイベントも定期的に開催。あらゆるマーケティング活動やイノベーション活動を支援します。
https://xtrend.nikkei.com/

LTV《ライフタイムバリュー》の罠

2023年7月24日　第1版第1刷発行
2023年8月28日　第1版第3刷発行

著　者　垣内勇威
発行者　佐藤央明
発　行　株式会社日経BP
発　売　株式会社日経BPマーケティング
〒105-8308　東京都港区虎ノ門4-3-12
https://www.nikkeibpm.co.jp/books/
編　集　酒井康治・寺村貴彰（日経クロストレンド）
装　丁　中川英祐（Tripleline）
制　作　關根和彦（QuomodoDESIGN）
印刷・製本　大日本印刷株式会社

ISBN　978-4-296-20266-9
Printed in Japan